POLYGLOTT on tour

Thüringen

Die Autoren

Ursula Pfennig-Pérez,
studierte Geografie und Kunstgeschichte. Als freie Autorin verfasste sie für den Rundfunk Berlin-Brandenburg Fernsehbeiträge, Reisebeschreibungen und Kulturkritiken.

Oliver Gerhard
Oliver Gerhard arbeitet seit vielen Jahren in Berlin als Journalist, Fotograf und Buchautor und reist dafür regelmäßig nach Thüringen.

Rasso Knoller
Rasso Knoller ist seit über 20 Jahren als Journalist und Sachbuchautor tätig. Von ihm sind bislang mehr als 40 Bücher erschienen.

Reiseplanung

Land & Leute

Unterwegs in Thüringen

Zwischen Harz, Eichsfeld und Thüringer Becken liegt das Land der deutschen Kaiser. Der Sage nach schläft Kaiser Barbarossa im Inneren des Kyffhäuser, um dann einzugreifen, wenn das Land von Feinden bedroht wird. Große Städte sucht man in diesem Landesteil vergebens. Dafür können aber Orte wie Nordhausen, Sondershausen und Mühlhausen auf eine lange Geschichte zurückblicken.

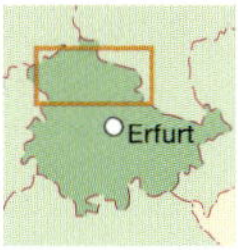

Weimar ist zwar bei weitem nicht die größte, aber mit Abstand die schönste und geschichtsträchtigste der thüringischen Städte. In der Weimarer Republik war die Stadt sogar Hauptstadt des Deutschen Reiches und früher, zu Zeiten von Schiller und Goethe, das geistige Zentrum des Landes. Kein Besuch Thüringens ist komplett ohne einen Aufenthalt in Weimar.

Die uralte Kulturlandschaft mit den Städten Erfurt, Gotha und Arnstadt steht zwar etwas im Schatten der großen Stars Weimar und Wartburg, doch hier schlägt das Herz Thüringens. Vor allem in Erfurt kommt auf der Krämerbrücke fast südländisches Lebensgefühl auf.

Das meistbesuchte Urlaubsgebiet besitzt auch den bekanntesten deutschen Wanderweg: Auf dem Rennsteig kann man auf rund 170 Kilometer Länge die Gipfel des Thüringer Waldes erwandern. Schon Goethe mochte den Thüringer Wald und soll seinen Sekretär Eckermann gefragt haben: »Wo finden Sie auf einem so engen Fleck noch so viel Gutes?«

Den Fluss, der im Süden Thüringens entspringt und sich erst in Hessen mit der Fulda zur Weser vereint, säumen einer Perlenkette gleich Burgen und Schlösser. Mit Fug und Recht könnte man das Werratal daher auch in Burgenland umtaufen.

Reiseplanung

Die Reiseregionen][Die schönsten Touren][Klima und Reisezeit][Anreise][Reisen im Land][Sport und Aktivitäten][Unterkunft

Die Reiseregion im Überblick

Thüringen liegt im Herzen Deutschlands und ist aus allen Himmelsrichtungen leicht zu erreichen. Das elftgrößte Bundesland hat eine ausgesprochen vielseitige Natur aufzuweisen. Innerhalb kürzester Strecken ändert sich das Landschaftsbild oft grundlegend. Deswegen kann Thüringen seinen Gästen vielfältige Urlaubserlebnisse bieten.

In **Thüringens Norden** liegt die bewaldete Hügellandschaft des Eichsfeld. Sie bildet das Verbindungsglied zwischen Harz und Thüringer Becken. Der Norden Thüringens ist auch das Land der deutschen Kaiser. Der Sage nach schläft Kaiser Barbarossa im Inneren des Kyffhäuser-Gebirges, um dann aufzuwachen und einzugreifen, wenn das Land von Feinden bedroht wird. Große Städte sucht man hier vergebens. Dafür können aber Orte wie Nordhausen, Sondershausen oder Mühlhausen auf eine lange Geschichte zurückblicken und lohnen mit ihren historischen Bauwerken einen Besuch.

Die größten Städte liegen in der Mitte Thüringens und durchziehen das Land wie an der Perlenschnur aufgezogen von West nach Ost: Eisenach, Gotha, Erfurt, Weimar und Jena. Das fruchtbare Thüringer Becken, in dem die meisten der genannten Städte liegen, ist eine der ältesten Kulturlandschaften Deutschlands. Als **Herz Thüringens** wird es von verschiedenen kleinen Höhenzügen umringt. Einer davon ist der Hainich im Westen, der einzige Nationalpark des Landes, in dem vor allem der Baumkronenpfad die Besucher anlockt.

Weimar ist zwar bei weitem nicht die größte, aber mit Abstand die schönste und geschichtsträchtigste der thüringischen Städte. In der Weimarer Republik war die Stadt sogar Hauptstadt des Deutschen Reiches und früher, zu Zeiten von Schiller und Goethe, das geistige Zentrum des Landes. Kein Besuch Thüringens ist komplett ohne einen Aufenthalt in Weimar. Obwohl die Stadt gerade mal 65 000 Einwohner zählt, sollte man für ihren Besuch mehr als nur ein paar Stunden einplanen.

Schwarzburg im Schwarzatal

Im **Thüringer Wald** liegt mit dem 983 Meter hohen Großen Beerberg die höchste Erhebung des Landes. Durch ihn führt auch der wohl bekannteste deutsche Wanderweg außerhalb der Alpen: Auf dem Rennsteig kann man auf

170 km Länge die Gipfel des Thüringer Waldes erwandern. Die Voraussetzungen zum Wandern und Radfahren sind ideal. Östlich von Thüringer Wald und Thüringer Becken erstreckt sich das Saaletal. Ausgedehnte Wälder locken Wanderer an, und auf dem Fluss sind Paddler und Kanuten unterwegs. Der Saale-Radweg ist ein günstiges Gelände für Fahrradfahrer, die gerne etwas leichtere Touren unternehmen. Sehenswert ist auch die barocke Anlage der Schwarzburg im Schwarzatal.

Südwestlich des Thüringer Waldes liegt das **Werratal** mit der ehemaligen Residenzstadt Meiningen. Da viele Orte einst am Wasser gegründet wurden und der Fluss eine wichtige Lebensader war, ist eine Fahrt durch dieses Tal auch eine Fahrt durch die Geschichte Thüringens.

Thüringens Osten wird von den größeren Orten Gera, Greiz und der Spielkartenstadt Altenburg geprägt und zieht mit seinen fürstlichen Residenzen unzählige Besucher an. Doch auch die ländlichen Regionen mit ihren hübschen Dörfern und Bauernhöfen haben ihren Reiz. Landschaftlich sind große Teile im Osten Thüringens aber weniger spektakulär. Naturfreunde werden sich hier deswegen eher Richtung Greiz und Schleiz orientieren, wo Ausläufer des idyllischen Vogtlandes bis nach Thüringen hinein reichen.

Die schönsten Touren

Eine Woche unterwegs auf der Klassikerstraße Thüringen

(1) Erfurt › Weimar › Jena › Rudolstadt › Ilmenau › Arnstadt › Meiningen › Eisenach › Gotha

Distanzen:

Erfurt › Weimar 24 km; **Weimar › Jena** 23 km; **Jena › Rudolstadt** 40 km; **Rudolstadt › Ilmenau** 45 km; **Ilmenau › Arnstadt** 25 km; **Arnstadt › Meiningen** 71 km; **Meiningen › Eisenach** 55 km; **Eisenach › Gotha** 32 km

Verkehrsmittel:

Alle Städte auf dieser Tour sind an das Streckennetz der Deutschen Bundesbahn bzw. der Südthüringenbahn angeschlossen. Außerdem bestehen Busverbindungen zwischen den einzelnen Städten.

Orangerie von Schloss Friedenstein in Gotha

Wohl in keiner Region Deutschlands liegen die Wohn- und Wirkungsstätten der großen Dichter und Denker so nah wie in Thüringen. Goethe, Schiller, Herder und Wieland, aber auch Luther und Bach haben hier gelebt. Diese Tour beginnt in der thüringischen Hauptstadt ****Erfurt** › S. 71 mit ihrem Dom, der St.-Severi-Kirche und der Krämerbrücke. Im Augustinerkloster kann man die Zelle besichtigen, in der Luther 1505 bis 1511 als Mönch lebte. In der Michaelisstraße 48 wird ein anderer berühmter Wahlerfurter geehrt: der Mathematiker Adam Ries(e) weilte von 1518 bis 1522 in Erfurt.

*****Weimar** › S. 54, nur eine halbe Stunde von Erfurt entfernt, ist eigentlich eine ganze Reise wert. Das Schiller- und Goethehaus sind Pflichtprogramm, aber auch andere berühmte Persönlichkeiten haben hier gelebt, darunter der Maler Lucas Cranach, die Komponisten Johannes Brahms und Richard Wagner sowie die Philosophen Friedrich Wilhelm Nietzsche und Johann Gottfried Herder.

Jena › S. 122 ist die zweite deutsche Klassikerstadt. Die 1558 gegründete Universität zog schon früh die großen Denker an: Hegel, Schlegel, Abbe und Zeiss sind nur einige der bekannten Namen, die mit Jena in Verbindung gebracht werden. Im Gegensatz zu Weimar ist das Stadtbild Jenas jedoch sehr von der DDR-Architektur geprägt. Trotzdem ist sie besuchenswert, hier kann man u. a. Schillers Gartenhaus besichtigen.

****Rudolstadt** › S. 128 ist vor allem wegen des hoch über der Stadt gelegenen **Schlosses Heidecksburg bekannt. Die engen Gassen der Altstadt laden zum Bummeln ein – wieder auf den Spuren Schillers und Goethes, denn hier war es, wo sich die beiden größten deutschen Dichter im Jahre 1788 zum ersten Mal trafen. Noch wichtiger wird Schiller

Karte
Umschlag
hinten

aber ein anderes Treffen gewesen sein, denn in Rudolstadt lernte er seine spätere Ehefrau Charlotte von Lengefeld kennen.

In **Ilmenau** › S. 102 kann man Goethe Schritt für Schritt näher kommen. Der 18 km lange Goethewanderweg führt zu den Lieblingsplätzen des Dichters. Ein kleiner Abstecher auf dieser Route führt nach ****Arnstadt** › S. 82, wo mehrere Generationen der Komponistenfamilie Bach wohnten. Entsprechend gehört die Bach-Gedenkstätte zu den großen Sehenswürdigkeiten. Besuchenswert sind auch das Neue Palais, das Renaissance-Rathaus und die Liebfrauenkirche.

****Meiningen** › S. 112 ist vor allem für Schloss Elisabethenburg bekannt. Richard Strauss leitete hier einst die Hofkapelle, und auch Johannes Brahms verbrachte hier einige Jahre seines Lebens. Die Lutherstadt ****Eisenach** › S. 88 am Fuße der ***Wartburg › S. 91 ist ein weiteres Highlight dieser an Höhepunkten so reichen Rundfahrt. Das Lutherhaus, das Bachhaus, die Georgenkirche, die Reuter-Villa und natürlich die Wartburg, seit 1999 UNESCO-Weltkulturerbe, locken Besucher an.

In ***Gotha** › S. 78 schließlich lohnen Schloss Friedenstein mit seiner Kunstsammlung, das Rathaus sowie das Augustinerkloster, in dem Luther gepredigt hat, einen Besuch.

Drei Tage auf der Transromanica von Salzungen nach Saalfeld

–2– Bad Salzungen › Klosterbasilika Breitungen › Dorfkirche Rohr › Kloster Veßra › Klosterruine Paulinzella › Bad Blankenburg › Saalfeld

Distanzen:

Bad Salzungen › Breitungen 12 km; **Breitungen › Rohr** 31 km; **Rohr › Veßra** 20 km; **Veßra › Paulinzella** 76 km; **Paulinzella › Bad Blankenburg** 13 km; **Bad Blankenburg › Saalfeld** 9 km

Verkehrsmittel:

Zwar kann man Saalfeld und Bad Salzungen auch mit der Bahn erreichen. Da auf der Tour aber viele kleine Städtchen und Dörfer liegen, empfiehlt es sich, mit dem Auto oder einem Mietfahrzeug auf Entdeckungsreise zu gehen. Wer St. Bartholomäus in Oberwirbach besichtigen will, muss sich beim Pfarrer anmelden (Tel. 03 67 41/30 06). Zur Transromanica gibt Thüringens Tourismus Zentrale eine sehr gut gemachte Broschüre heraus, die man auf der Webseite www.thueringen-tourismus.de bestellen kann.

In Thüringen sind bis heute mehr als 100 Gebäude aus der Romanik erhalten. Einige der wichtigsten zeigt diese Tour auf. Dabei passiert man bekannte Sehenswürdigkeiten wie die Klosterruine von Paulinzella, aber auch Kleinode wie die Dorfkirche von Rohr.

Von der Kurstadt **Bad Salzungen** › S. 111 führt die Fahrt zunächst zur **Klosterbasilika Breitungen** › S. 112, die schon seit fast 900 Jahren hoch über dem Ort thront. Weiter geht es zur Michaeliskirche nach **Rohr**, 814–824 als Kirche eines Benediktinerklosters errichtet. Anlässlich des Reichtages von 984 wurde hier der von Heinrich dem Zänker entführte dreijährige Otto III. seiner Mutter zurückgegeben und konnte so die Reichsnachfolge antreten. Von diesem kleinen Ort mit großer historischer Bedeutung geht es weiter zum ***Kloster Veßra** › S. 114 und der ****Klosterruine Paulinzella** › S. 84. Die Ruine des im 12. Jahrhundert erbauten Klosters gehört zu den bedeutendsten romanischen Baudenkmälern Deutschlands. Burg Greifenstein bei **Bad Blankenburg** › S. 129, heute teilweise verfallen, und die kleine **St. Bartholomäuskirche**, ebenfalls bei Bad Blankenburg, sind die beiden nächsten romanischen Highlights. Die Kirche kann allerdings nur nach Vereinbarung besichtigt werden. Aber sie bietet auch von außen ein schönes Fotomotiv. **Saalfeld** › S. 130 ist ohnehin immer einen Besuch wert. Für die Reisenden auf den Spuren romanischer Bauwerke sind die Burgruine Hoher Schwarm vom Anfang des 14. Jahrhunderts und die Marktapotheke im Stadtzentrum mehr als nur einen Blick wert. Das Haus, in dem die Apotheke untergebracht ist, wurde bereits um 1180 errichtet und war einst Sitz des kaiserlichen Stadtvogts. Erst seit 1681 wird es als Apotheke genutzt.

Klosterruine Paulinzella: Ihr Dach ist der Himmel

Zweitagestour Thüringer Küche

③ Erfurt › Holzhausen › Arnstadt › Kleinhettstedt › Hohenfelden › Weimar › Heichelheim › Bad Sulza

Distanzen:

Erfurt › Holzhausen 8 km; **Holzhausen › Arnstadt** 5 km; **Arnstadt › Kleinhettstedt** 19 km; **Kleinhettstedt › Hohenfelden** 15 km; **Hohenfelden › Weimar** 26 km; **Weimar › Heichelheim** 8 km; **Heichelheim › Bad Sulza** 29 km

Verkehrsmittel:

Die Tour führt über kleine Nebenstraßen zu weniger bekannten Dörfern und Kleinstädten im Umkreis von Erfurt. Das Auto ist hier das Fahrzeug der Wahl – gut geeignet ist die Strecke auch für Fahrradfahrer: So können Sie die zu sich genommenen Kalorien gleich wieder abstrampeln.

Diese Fahrt sollte man eigentlich nicht nach Kilometern, sondern nach Kalorien zählen. Denn sie bringt Sie an Orte, an denen das Essen im Mittelpunkt steht. Los geht es in **Erfurt › S. 71 an der Krämerbrücke, auf der Sie sich im Thüringer Spezialitätenladen und beim Chocolatier mit Leckereien versorgen können. Wer in der Hauptstadt der Bratwurst die Kunst des Grillens erlernen will, kann sich in der Ersten Deutschen Grill- und Barbecueschule einschreiben, anschließend im Senfladen Born den richtigen Begleiter zur Wurst kaufen und sich im Senfmuseum das entsprechende theoretische Hintergrundwissen verschaffen. In **Holzhausen** macht das Bratwurstmuseum › S. 83 Appetit auf noch mehr Gegrilltes und gleich nebenan in **Arnstadt › S. 82 können Sie in der Stadtbrauerei ihren Durst stillen. Wer jetzt ein Völlegefühl im Magen verspürt, der kann die Strecke zwischen Holzhausen und Arnstadt auch wandernd zurücklegen – auf dem Wanderweg »Von der Bratwurst zum Bier«. Für die Zwischenübernachtung eignet sich Arnstadt ebenfalls. Wer Lust auf noch mehr Senfwissen hat, sollte nach **Kleinhettstedt** fahren, wo eine Kunst- und Senfmühle zu besichtigen ist, in der es auch schöne Ferienwohnungen gibt (Kleinhettstedt 44, 99326 Ilmtal, Tel. 0 36 29/35 96, www.premiumsenf.de).

In **Hohenfelden** › S. 84 besuchen Sie das Thüringer Freilichtmuseum, in dem schwarze Küchen stehen. Darunter versteht man für Mittelthüringen typische offene Feuerstellen, auf denen Brot oder Kuchen gebacken wird. ***Weimar › S. 54 ist eher für Goethe und Schiller bekannt, hat aber auch ein Bienenmuseum zu bieten (Ilmstr. 3, Tel. 0 36 43/

90 10 32, http://dbm.lvti.de, Mi–So 10–17 Uhr), das über Imkerei informiert. In **Heichelheim** widmet sich ein Museum den Klößen, einer weiteren kulinarischen Spezialität des Landes (Hauptstr. 3, 99439 Heichelheim, Tel. 0 36 43/90 00 15, www.klossmuseum.de, April–Okt. Di bis So 11–16.30, sonst Di–Fr 11–16.30 Uhr). Nebenan, im Hotelrestaurant Windmühle Heichelheim, können Sie sogar ein Knödelseminar belegen oder im rustikalen Ambiente der Höllandermühle Kloßgerichte genießen. Eine Spezialität sind die Kartoffelrouladen (Im Dorfe 63, 99439 Heichelheim, Tel. 0 36 43/42 05 22, www.windmuehle-heichelheim.de). Den Tourabschluss bildet **Bad Sulza,** wo das Thüringer Weingut köstlichen Saale-Unstrut-Wein bietet (Sonnendorf Nr. 17, 99518 Bad Sulza Tel. 03 64 61/2 06 00, www.thueringer-wein.de). Ein Weinwanderweg um Bad Sulza hat hier seinen Ausgangspunkt. Anschließend kann man sich in der Toskana-Therme › S. 111 entspannen.

Touren in den Regionen

Touren	Region	Dauer	Seite
Reise in die deutsche Geschichte	Thüringens Norden	4 Tage	43
Auf dem Unstrut-Radweg quer durch Thüringens Norden	Thüringens Norden	4 Tage	45
Auf Schillers Spuren	Weimar	½ Tag	55
Schlösser und Parks in und um Weimar	Weimar	1 Tag	56
Bauhaus-Rundgang	Weimar	½ Tag	58
Rundreise durch das Städtedreieck in Thüringens Mitte	Thüringens Herz	3 Tage	70
Durch das Ilmtal	Thüringens Herz	1 Tag	70
Von der Wartburg in den Thüringer Wald	Thüringer Wald	4–5 Tage	86
Wanderung auf dem Rennsteig	Thüringer Wald	8 Tage	87
Burgen und Schlösser	Werratal	4–5 Tage	109
Wasserwandern auf der Werra	Werratal	4–5 Tage	109
Die Saale flussabwärts	Thüringens Osten	2–3Tage	118
Von Greiz nach Altenburg	Thüringens Osten	1–2 Tage	119
Unterwegs auf dem Radfernweg Euregio Egrensis	Thüringens Osten	4–5 Tage	120

Klima und Reisezeit

Nach Thüringen kann man zu jeder Jahreszeit fahren, doch darf man nicht immer Sonnenschein erwarten. Die vielen Museen helfen aber, Regenstunden zu überbrücken. Die Temperaturen steigen selten über 26 °C. In den Herbst- und Wintermonaten treten gelegentlich Föhnwetterlagen auf: Das südwestliche Vorland des Thüringer Waldes liegt dann im Nebel. Die Wolkendecke reicht jedoch kaum bis über den Kamm hinaus; auf dem Großen Inselberg ist es meist wolkenlos. Von hier bietet sich dann der Blick auf die Thüringer Föhnmauer, die zur Ebene hin abrupt abbricht. Auf dem Berg kann es deshalb viel wärmer sein als in Erfurt, das 700 m niedriger liegt.

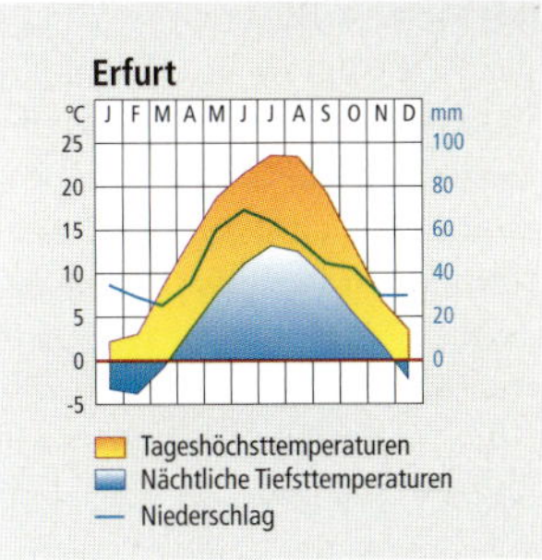

Die Niederschlagsmengen variieren stark: Im Thüringer Becken beträgt die Jahressumme 450–590 mm, im Thüringer Wald 650–1300 mm. Als sehr schneesicher gilt das Gebiet um Oberhof und den Großen Beerberg.

Schulferien und Feiertage

Gesetzliche Feiertage in Thüringen sind Neujahr, Karfreitag, Ostermontag, der Maifeiertag, Christi Himmelfahrt, Pfingstmontag, der Tag der Deutschen Einheit am 3.10., der Reformationstag am 31.10. sowie der 1. und 2. Weihnachtsfeiertag. Etwas kompliziert ist die Regelung für den Fronleichnamtag. Er ist in den Teilen Thüringens gesetzlicher Feiertag, in denen er das schon vor 1994 war. In der Praxis trifft dies vor allem auf die katholischen Teile des Landes zu.

Die Termine der Sommerschulferien für Thüringen sind in den nächsten Jahren wie folgt: 2009: 25.6.–5.8., 2010: 24.6.–4.8., 2011: 11.7.–19.8., 2012: 23.7.–31.8. und 2013: 15.7.–23.8.

Winter in Thüringen

Anreise

Mit dem Auto

Die Autobahn A4 Frankfurt–Dresden durchschneidet Thüringen von West nach Ost, an ihrer Strecke liegen Eisenach, Gotha, Erfurt, Weimar, Gera und Jena. In Nord-Süd-Richtung quert die A9 Berlin–München Ostthüringen. Im Bau sind die A 71 von Sangerhausen über Erfurt und Suhl nach Schweinfurt (bereits befahrbar ist das Teilstück von Sömmerda über Erfurt bis zum Dreieck Werntal bei Schweinfurt) und die A 38 von Magdeburg über Nordhausen und Heiligenstadt nach Göttingen. Die A 71 (Fertigstellung 2010) wird wegen ihrer spektakulären Trassenführung durch den Thüringer Wald mit zahlreichen Brücken und Tunneln – darunter dem fast 8 km langen Rennsteigtunnel – die teuerste Autobahn Deutschlands werden. Die bei Suhl von der A 71 abzweigende A 73 nach Bamberg, wegen ihrer insgesamt 18 Großbrücken ebenfalls ein ingenieurtechnisches Meisterwerk, ist seit 2008 auf ihrer gesamten Länge befahrbar.

Mit der Bahn

ICE-Bahnhöfe sind Eisenach, Erfurt, Gotha und Weimar auf der Strecke Frankfurt–Dresden sowie Jena und Saalfeld auf der Strecke München–Berlin. Der City-Nightline-Nachtzug von Frankfurt hält in Eisenach, Erfurt und Weimar. Infos: www.bahn.de

Mit dem Flugzeug

Zum Regionalflughafen Erfurt-Bindersleben gibt es derzeit Linienflüge von Düsseldorf, Nürnberg und München (www.airport-erfurt.de). Vom Flugplatz Altenburg-Nobitz starten im Wesentlichen Billig- und Charterflüge ins Ausland (www.leipzig-altenburg-airport.de). In den Osten des Landes kommt man auch gut über den nahen Flughafen Leipzig-Halle (www.leipzig-halle-airport.de). Altenburg und Gera sind von dort aus per Bahn schnell erreichbar.

Alleenstraße nahe Merkers, Rhön

Reisen im Land

Mit dem Auto

In allen größeren Städten kann man Autos mieten. In der Landeshauptstadt Erfurt sind alle bekannten großen Anbieter, aber auch eine ganze Reihe kleiner lokaler Autovermieter vertreten.

Die Harzquerbahn startet in Nordhausen

Mit dem Bus

»Bus Thüringen« ist der Zusammenschluss von 17 kommunalen und privaten Busunternehmen im ganzen Land. Auf der Internetseite kann man Fahrpläne und Streckennetze abrufen und so bequem Bustouren durch Thüringen planen (www.bus-thueringen.de).

Mit der Bahn

Auf der Strecke Göttingen–Erfurt–Gera–Zwickau fahren Züge in Neigetechnik durch Thüringen. Die Strecke Erfurt–Eisenach–Bebra wurde im Rahmen der Verkehrsprojekte Deutsche Einheit ausgebaut und elektrifiziert. In Erfurt hat jeder IC Direktanschluss nach Weimar. Ab Erfurt und Eisenach erreicht man per Bahn oder Bus die Startorte der schönsten Wanderwege. Mit dem Thüringen-Ticket der Bahn ist man günstig in Regional- bzw. Nahverkehrzügen in Thüringen und den beiden angrenzenden Bundesländern Sachsen und Sachsen-Anhalt unterwegs. Das Ticket gilt von Montag bis Freitag jeweils an einem frei wählbaren Tag von 9–3, am Samstag u. Sonntag von 0–3 Uhr des Folgetages. Bis zu fünf gemeinsam fahrende Personen zahlen 28 Euro für das Ticket, Einzelreisende 19 Euro.

Oberweißbacher Bergbahn

Nicht nur landschaftlich reizvoll, sondern auch historisch und bahntechnisch interessant ist die 1923 eröffnete, 1,4 km lange Strecke der Oberweißbacher Bergbahn mit anschließender 2,5 km langer Schmalspurstrecke von Lichtenhain nach Cursdorf. Als passender Zubringer dient die 1900 eröffnete Schwarzatalbahn, die von Rottenbach nach Katzhütte zuckelt.
Zur Bergbahn Station Obstfelderschmiede aussteigen! Infos: www.obs-info.de

Sport und Aktivitäten

Wandern

Thüringen ist ein Paradies für Wanderfreunde › S. 19. Insgesamt 16 000 km markierte Wanderwege durchziehen das Land. 168 km lang ist allein der Rennsteig. Der 17 km lange Martin-Luther-Weg führt von Schmalkalden nach Deitharz. Auf einer 75 km langen Tour kann man den Hohenwartestausee umrunden. Die Broschüre »Thüringer Wanderpass«, erhältlich bei der Thüringer Tourismus GmbH, schlägt 24 Routen in verschiedenen Teilen des Landes vor. Im Winter werden 2000 km als Winterwanderwege präpariert.

Thüringer Tourismus GmbH

Willy-Brandt-Platz 1][Erfurt][Tel. 03 61/3 74 20][www.thueringen-tourismus.de

Radfahren

Neue Radwege wurden entlang von Elster und Werra sowie auf den 180 km der Thüringer Etappe des insgesamt 470 km langen Saale-Wanderweges markiert. Ein Radwanderkurs führt auf eigener Spur den Rennsteig entlang. Der Unstrut-Radweg › S. 45 begleitet das Flüsschen Unstrut auf seinem 190 km langen Lauf von der Quelle bei Kefferhausen bis zur Mündung in die Saale bei Naumburg. Fahrräder kann man überall entlang der Wege ausleihen.

Viele attraktive Tageswanderungen sind für die ganze Familie geeignet

Special

Wanderbare Wälder

Dank des gut ausgebauten und markierten Wegenetzes sind in Thüringen Wanderungen auf eigene Faust einfach. Wer lieber in der Gruppe wandern will, kann sich einer organisierten Tour mit Gepäcktransport, Führung und Rast am Grillplatz anschließen.

Regionalverbund Thüringer Wald
Gräfenrodaer Straße 2
98559 Oberhof][Tel. 03 68 42/52 98 20
www.thueringer-wald.com

Rennsteig

Der Höhenwanderweg Rennsteig ist ein Naturerlebnis, doch auch die am Wegesrand liegenden Orte lohnen den Abstecher. So war Oberhof einst die Hochburg des Wintersports, und auch heute noch vergnügt man sich hier auf den Schanzen. Im Sommer kommen Pflanzenfreunde im Rennsteiggarten mit 4000 Pflanzenarten auf ihre Kosten (Mitte April–Sept. tgl. 9–18 Uhr). Infos:
www.rennsteig.de
www.rennsteigportal.de

■ **Aktivtouristik Rose**
Stadtilmerstr. 45][99130 Arnstadt
Tel. 0 36 28/4 42 56
www.rennsteig.net
Geführte Wanderungen.

■ **Waldhotel Rennsteighof**
Liebensteiner Str. 108
99891 Winterstein][Tel. 03 69 29/60 20
www.rennsteighof.de
Gute Regionalküche. ●●

■ **Rennsteiggarten von Oberhof**
Am Pfanntalskopf 3][98559 Oberhof
www.rennsteiggartenoberhof.de

Glashütte

In der Glasbläserstadt Lauscha kann man den Kunsthandwerkern bei der Arbeit zusehen. Führungen mit Verkauf bietet z. B. die historische Farbglashütte an.

Farbglashütte Lauscha

Straße des Friedens 46

98724 Lauscha][Tel. 03 67 02/28 10

www.farbglashuette.de

Großer Inselsberg

In der Pension am Reitstein unterhalb des Großen Inselsbergs gibt es wunderbare Wildgerichte. Danach locken das Inselbergbad Brotterode (tgl. 10–21 Uhr) und die Sommerrodelbahn (März bis Okt. tgl 10–17 Uhr); im Winter beginnt die Loipe direkt vor der Haustür.

■ Pension am Reitstein

Kleiner Inselsberg 2

98599 Brotterode

Tel. 03 68 40/3 24 94

www.haus-am-reitstein.de

■ Inselbergbad Brotterode

Am Bad 1][98599 Brotterode

Tel. 03 68 40/37 30

www.inselbergbad.de

■ Sommerrodelbahn Inselsberg

zwischen Tabarz und Brotterode

Tel. 03 68 40/3 23 70

www.sommerrodelbahn-inselsberg.de

Wasserwandern

Auch auf dem Wasser lässt sich Thüringen erwandern – auf Werra und Saale bei Rudolstadt werden Floßtouren angeboten, auf Unstrut und Weißer Elster Schlauchbootfahrten.

■ Berro Tours

Burgstr. 18/20][06628 Bad Koesen

Tel./Fax 0 34 41/27 23 28

Schlauchbootfahrten und Rafting.

■ Pfannstiel Outdoor-aktiv

Ellenberg 15][98590 Schwallungen

Tel. 03 68 48/2 29 35

www.pfannstiel-outdoor-aktiv.de

Kanutouren auf der Werra.

■ Uhlstädter Saaleflößerei

Oberkrossen 3a

07407 Uhlstädt-Kirchhasel

Tel. 01 72/3 62 23 13

www.floessen.de

Floßfahrten auf der Saale.

Zur Sängerwiese

Auf märchenhafte Namen wie Drachenschlucht und Elfengrotte stößt man bei dieser wildromantischen Wanderung: Vom Parkplatz Hohe Sonne an der B 19 geht es zur Drachenschlucht, wo Wasserfälle den Weg zur Sängerwiese säumen. Dort kann man sich im Waldgasthof Sängerwiese bei Thüringer Bratwurst stärken, bevor man an den Knöpfelsteichen vorbei zur Elfengrotte gelangt. Keinen wundert's, dass sich nicht nur Erdenmenschen hier wohl fühlen. Ganz beschaulich geht es dann zurück zur Hohen Sonne.

Waldgasthof Sängerwiese

Sängerwiese 1][99817 Eisenach

Tel. 0 36 91/20 32 72

www.gasthof-saengerwiese.com

Reiten

Pferdefreunde erwarten über 40 Wanderreitstationen und Reiterhöfe, besonders viele im Wartburgkreis entlang der Werra und im Kreis Schmalkalden/Meiningen bis zum Rennsteig. Infos:

Ferien auf dem Lande in Thüringen

Alfred-Hess-Str. 8][99094 Erfurt][Tel. 03 61/26 25 32 30

www.landurlaub-thueringen.de

Rodeln, Baden, Golfen

Sommerrodelbahnen gibt es u. a. am Inselsberg › S. 20, in Dittrichshütte, Ernstthal, Saalburg und Straußenberg bei Sondershausen. Spaßbäder › S. 24 findet man in Bad Colberg, Bad Klosterlausnitz, Masserberg, Mühlhausen, Oberhof, Tabarz und Zeulenroda. Unweit der Burgen »Drei Gleichen« zwischen Arnstadt und Gotha wurde 1999 Thüringens erster Golfplatz eröffnet – 20 weitere haben sich seither dazu gesellt.

- **Sommerrodelbahn Ernstthal am Rennsteig**

Lauschaer Str. 41][98724 Ernstthal am Rennsteig][Tel. 03 67 02/2 08 31

www.sommerrodelbahn-ernstthal.de

- **Kinder- und Jugenderholung Dittrichshütte e.V.**

Panorama 1][07422 Dittrichshütte][Tel. 03 67 41/5 70 02 58

www.dittrichshuette.de/rodelbahn-thueringen

- **Thüringer Golfclub Drei Gleichen**

Gut Ringhofen][99869 Mühlberg][Tel. 03 62 56/8 69 83

www.thueringer-golfclub.de

- **Golfclub Weimar-Jena 1994**

07751 Münchenroda][Tel. 0 36 41/42 46 51][www.golfclub-jena-weimar.de

- **Golf Club Erfurt**

99100 Erfurt-Schadenrode][Im Schaderoder Grund][Tel. 03 62 08/8 07 12

www.golfclub-erfurt.com

Wintersport

Von den rund 80 Wintersportorten liegen die meisten im Thüringer Wald, im Schiefergebirge und im Südharz. Ihre Skipisten sind leicht bis mittelschwer. Das Angebot reicht von Loipengärten – präparierten Rundstrecken für Langläufer – bis zu Abfahrten. Landesweit werden über 500 km Loipen gespurt. Die Skipisten und Rodelbahnen verfügen über Lift- und Flutlichtanlagen (Schneetelefon 01 80/5 53 39 99; 14 Ct/Min.).

Rodeln am Kickelhahn

Auf der Piste des in Rennsteignähe gelegenen Orts Siegmundsburg rasen viele Fans auch auf Kunststoffreifen zu Tale. Snow-Tubing nennt sich der Spaß (Tel. 03 67 04/8 05 00, www.snow-tubing-online.de).

Thüringens bekanntester Wintersportort ist Oberhof, das größte Skigebiet liegt jedoch in der Nähe des Örtchens Steinach, unweit der Grenze zu Bayern. Dort wurde am 842 m hohen Fellberg die Skiarena Silbersattel eröffnet – mit ca. 40 km Skiwanderwegen und alpinen Pisten von insgesamt 3,5 km Länge (Tel. 03 67 62/3 07 29, www.silbersattel.de).

Unterkunft

Echt gut!

Die schönsten Schlosshotels

- **Hotel auf der Wartburg:** Luxusübernachtungen an Luthers Wirkungsstätte. › S. 92 ●●●
- **Schloss Landsberg:** Schlosshotel in Meiningen mit Weitblick, unbedingt den Turm besteigen! › S. 113 ●●●
- **Schlosshotel Eyba**

Eyba 23][07422 Saalfelder Höhe
Tel. 03 67/3 60][Fax 34 19
www.schlosshotel-eyba.de
Reizvolles Schlosshotel mit riesigem Park. Gutes Tagungshotel. ●●–●●●

- **Schloss Beichlingen**

Straße des Friedens 70
9625 Beichlingen
Tel. 0 36 35/4 92 20][Fax 60 06 66
www.schloss-beichlingen.com
Übernachten in 1000 Jahre Geschichte. Oder heiraten! Hier hat sich schon mancher das Ja-Wort gegeben. ●●

- **Graues Schloss Mihla**

Thomas Müntzer Str. 4][99826 Mihla
Tel./Fax 03 69 24/4 22 72
www.graues-schloss.de
Sympathischer Kitsch in einem Renaissanceschloss. ●–●●

Hotels

Selbst in kleineren Orten stehen Hotelzimmer in allen Kategorien zur Verfügung. Zentral buchen kann man bei der Thüringer Tourismus GmbH › S. 18.

Etwas Besonderes sind die Hotels in restaurierten Schlössern und Burgen (siehe links). Auf der Wartburg › S. 92, im Schlosshotel Landsberg › S. 113 und auf der Veste Wachsenburg kostet ein Doppelzimmer um 100 Euro pro Person.

Veste Wachsenburg
Veste Wachsenburg 91
99310 Holzhausen (bei Erfurt)
Tel. 0 36 28/7 42 40 Fax 74 24 61
www.veste-wachsenburg.de

Privatzimmer

Unterkünfte bei privaten Vermietern sind meist preisgünstig zu haben (zwischen 20 und 40 Euro pro Person). In manchen Fällen besteht dort die Möglichkeit, sich selbst etwas zu kochen. Auch das Angebot an Ferienwohnungen und Ferienhäusern ist gut und vielfältig.

Special

Unterwegs mit Kindern

Erlebnisse mit Tieren

Jede größere Stadt in Thüringen hat ihren Tierpark oder Zoo. Aber man kann Tiere auch noch andernorts beobachten. So werden im **Bärenpark Worbis** Bären untergebracht, die in Zoos, Zirkussen oder Zwingern nicht artgerecht gehalten wurden oder hier ihren Lebensabend verbringen. Beim **Lamatrekking** in Sophienhof wandert man mit den Lamas an der Leine durch die Thüringer Natur. 45 Minuten dauert der kürzeste Ausflug. Falken und Adlern kann man auf **Burg Gleichenstein** und auf dem **Adler- und Falknerhof Kranichfeld** beim Schauflug zusehen. Exotische Piepmätze gibt es im **Vogelpark Tirica** zu sehen. Und ob die Nachzucht der ausgestorbenen **Auerochsen** von Erfolg gekrönt ist, lässt sich in Altengottern überprüfen. Im **Exotarium** im Oberhof warten schließlich Schlangen und Reptilien auf Besucher.

■ Bärenpark Worbis
Duderstädter Str. 36 a
37339 Leinefelde-Worbis
Tel. 03 60 74/9 29 66][www.baer.de

■ Lamatrekking
Dorfstr. 41][99768 Sophienhof
Tel. 03 63 31/4 82 31
www.harz-lamatrekking.de

■ Falknerei auf Burg Gleichenstein
37359 Wachstadt][Tel. 03 60 82/8 12 53
www.burg-gleichenstein.de

■ Adler- und Falknerhof
Niederburg][99448 Kranichfeld
Tel. 03 64 50/4 41 91
www.kranichfeld.de

■ Vogelpark Tirica
Mühlgasse 76
99439 Vippachedelhausen
Tel. 03 64 52/7 22 83][www.tirica.de

■ Auerochsengehege am Torfstich
Am Unstrut-Radwanderweg 1
99991 Altengottern
Tel. 0 36 22/9 63 46

■ Exotarium
Crawinkler Str. 1][98559 Oberhof
Tel. 03 68 42/2 14 04
www.exotarium-oberhof.de

Von Königen und Prinzessinen

Auch Feen und Prinzen leben in Thüringen. **Märchenwald**, **Märchendorf** und **Märchenpark** sind vor allem bei den Kleinsten beliebte Ausflugsziele. In Walldorf kann man sogar in eine **Märchenhöhle** hinabsteigen, und in Gräfenrode hat eine Gartenzwergmanufaktur ihrem Bebtrieb noch ein **Zwergenmuseum** angegliedert.

■ Märchenwald Teichtal
Zum Teichtal][99735 Hainrode
Tel. 03 60 77/2 97 76
www.maerchenreich-teichtal.de

■ Märchenpark der Gebrüder Grimm
An der Leineaue 1
37308 Heilbad Heiligenstadt
Tel. 0 36 06/67 71 41

■ Märchendorf Weißensee
Am Gondelteich][99631 Weißensee
Tel. 03 63 74/2 20 35

■ Sandstein- und Märchenhöhle
Marienstr. 6][9863 Walldorf
Tel. 0 36 93/8 99 10
www.sandsteinhoehle.de

■ Gartenzwergmuseum
Ohrdrufer Str. 1][99330 Gräfenrode
Tel. 03 62 05/7 64 70
www.zwergengriebel.de

Ferien aktiv

Baden, planschen, schwimmen – das sind die Lieblingsbeschäftigungen der meisten Kinder. In Thüringen hat man dazu zahlreiche Möglichkeiten. Frisch abgetrocknet steht dann in **Eisenach** eine Stadtführung auf dem Programm; die Stadt bietet Touren speziell für Kinder und Jugendliche an. Im Nationalpark Hainich steht eine **Spielscheune** für Kinder – eine Art überdachter Abenteuerspielplatz. Etwas ruhiger geht es bei den Kindermalkursen der **Weimarer Zeichenschule** zu.

■ Avenida-Therme
Am Stausee Hohenfelden
99448 Hohenfelden
Tel. 03 64 50/44 90
www.avenida-therme.de

■ Schwimmbad 3 Eichen
Am Schwimmbad 2
36433 Bad Salzungen
Tel. 0 36 95/6 22 92 91
www.badsalzungen.de

■ Thüringentherme
Lindenbühl 10][99974 Mühlhausen
Tel. 0 36 01/4 01 23
www.thueringentherme.de

■ Erlebnisbad Tabbs
Schwimmbadweg 10][99891 Tabarz
Tel. 03 62 59/6 73 40][www.tabbs.de

■ Hofweisenbad Gera
Hofwiesenpark 2][07548 Gera
Tel. 03 65/8 38 43 50][www.gera.de

■ Tourismus Eisenach GmbH
Markt 2][99817 Eisenach
Tel. 0 36 91/7 92 30
www.eisenach-tourist.de
Stadtführungen für Kinder.

■ Spielscheune Hainich-Zauber
Weiher Tor 18][99947 Weberstadt
Tel. 03 60 22/1 87 53
www.nationalpark-hainich.de

■ Kinderkurse der Weimarer Mal- und Zeichenschule
Seifengasse 16][Tel. 0 36 43/5 05 24
www.malschule-weimar.de

! Die Thüringer Staatskanzlei hat einen dicken **Familien-Freizeitatlas** herausgegeben mit vielen Freizeitangeboten für Familien. Infos: www.thueringen.de/de/erholsam/familienfreizeitatlas

Hotel auf der Wartburg

Jugendherbergen

Eine preiswerte Alternative sind die 34 Thüringer Jugendherbergen. Natürlich sind das keine Hotels, doch Waschgelegenheiten auf dem Zimmer und Zweibettzimmer sind bereits im Angebot.

Deutsches Jugendherbergswerk

Carl-August-Allee 13][99425 Weimar Tel. 0 36 43/85 00 00
www.djh-thueringen.de

Campingplätze

Sie liegen meist in landschaftlich reizvoller Umgebung, die 56 Campingplätze Thüringens. 17 weitere Campingplätze sind Dauercampern vorbehalten. Durchreisende, die nur für eine Nacht einen Platz suchen, finden dort oft noch eine Unterkunft.

Verband der Campingwirtschaft Thüringen e. V.

07318 Saalfeld][Tel 0 36 72/44 52 62][www.campingverband-thueringen.de

Ferien auf dem Lande

Eine große Auswahl an Unterkünften für den Urlaub auf Bauern- und Reiterhöfen enthält der Katalog:

Ferien auf dem Lande

Alfred-Hess-Str. 8][99094 Erfurt][Tel. 03 61/26 25 32 30
www.landurlaub-thueringen.de

Ferienwohnungen

Bungalows und Ferienwohnungen für verschiedenste Ansprüche werden an zahlreichen Orten Thüringens angeboten. Der Mietpreis liegt je nach Standard der Unterkunft zwischen 10 und 85 Euro pro Tag.

Land & Leute

Steckbrief][Geschichte im Überblick][
Kunst und Kultur][Natur und Umwelt][
Feste und Veranstaltungen][
Essen und Trinken

Steckbrief

Thüringen

Fläche: 16 172 km², knapp 50 % landwirtschaftliche Nutzfläche, 32 % Wald
Ausdehnung: 198 km (West-Ost), 160 km (Nord-Süd)
Einwohnerzahl: 2,28 Mio., Bevölkerungsdichte: 142 Einwohner pro km²
Religion: zwei Drittel Atheisten, 20 % evangelisch-lutherisch, 10 % katholisch

Verwaltungseinheiten: Thüringen ist in 17 Landkreise mit 998 Städten und Gemeinden aufgeteilt. Dazu kommen sechs kreisfreie Städte: Eisenach, Erfurt, Gera, Jena, Weimar und Suhl
Hauptstadt: Erfurt
Höchste Erhebungen: Großer Beerberg (983 m), Schneekopf (978 m)

Lage

Thüringen verdankt seinen Beinamen das grüne Herz Deutschlands nicht zuletzt der Tatsache, dass es ausschließlich an andere deutsche Bundesländern grenzt. Im Süden liegt Bayern, im Westen Hessen, im Nordwesten Niedersachsen. Im Nordosten grenzt Sachsen-Anhalt an Thüringen und im Osten schließlich Sachsen. Von der Fläche her ist Thüringen das elftgrößte deutsche Bundesland; mit seiner Einwohnerzahl steht es ebenfalls an elfter Stelle.

Politik und Verwaltung

Der Freistaat Thüringen ist in 17 Landkreise und sechs kreisfreie Städte aufgeteilt. Der Thüringer Landtag hat seinen Sitz in der Landeshauptstadt Erfurt und wird alle fünf Jahre gewählt. Derzeit besteht er aus 88 Abgeordneten, 45 davon gehören der CDU, 28 der Linken und 15 der SPD an. Alle anderen Parteien blieben bei der Wahl im Jahr 2004 unter der 5 %-Hürde und sind damit nicht im Landtag vertreten. Ministerpräsident ist Dieter Althaus von der CDU. Er ist damit Nachfolger von Bernard Vogel (CDU), der zwischen 1992 und 2003 das Amt innehatte, und Josef Duchač (CDU), der von 1990 bis 1992 der erste Ministerpräsident nach der Wende war.

Wirtschaft

Thüringens Wirtschaft wächst. So stieg das Bruttoinlandsprodukt im 1. Halbjahr 2008 gegenüber dem Vorjahr preisbereinigt um 2,4 Prozent und überdurchschnittlich. Das Land ist ein traditionsreicher Industriestandort, dessen Übergang von der Plan- zur Marktwirtschaft sich allerdings sehr schwierig gestaltete: Trotz moderner neuer Industrieanlagen – etwa den Opelwerken bei Eisenach und im sog. Technologiedreieck Erfurt–Jena–Ilmenau – stieg die Arbeitslosenquote nach 1990 zunächst kontinuierlich. Dabei reduzierten die Wachstumsbranchen die Zahl ihrer Beschäftigten am stärksten (z. B. im Büromaschinen- und im Datenverarbeitungsgerätebau um rund 94 %). Seit Mitte 1998 ging die Arbeitslosenquote in Thüringen jedoch zurück – und zwar stärker als in den anderen neuen Bundesländern. Im Jahresmittel belief sich die Arbeitslosenquote 2007 auf 14,4 % – allerdings mit riesigen Schwankungen innerhalb des Landes. Während die Kreise Sonneberg und Hildburghausen eine Arbeitslosenquote um 10 % meldeten, waren im Kyffhäuser-Kreis und im Altenburger Land mehr als 20 % der Menschen ohne Arbeit. Das Problem der Abwanderung ist regional sehr unterschiedlich. Während im Grenzgebiet zu Bayern und Hessen örtlich bereits wieder ein Zuwanderungsplus zu verzeichnen ist, verlassen in den strukturschwachen Regionen noch immer zahlreiche gut ausgebildete Thüringer ihre Heimat.

Ein weiterer wichtiger Wirtschaftsfaktor ist der Tourismus. Die Besucherzahlen stagnieren jedoch seit 2000 zwischen acht und neun Mio. pro Jahr. Die Auslastung der Hotels verharrt im selben Zeitraum bei niedrigen 33 bis 36 %. An den Preisen liegt es sicher nicht, die sind moderat. Vermutlich ist es ein Imageproblem: Viel zu wenig Menschen wissen, was das Land landschaftlich und kulturell alles zu bieten hat.

Die Menschen

2,3 Millionen Menschen leben in Thüringen. Der Ausländeranteil ist extrem gering und beträgt lediglich 2,1 % der Bevölkerung. Mit fast 6 % leben die meisten Ausländer in der Universitätsstadt Jena, die wenigsten in den ländlichen Kreisen Sömmerda und Altenburger Land. Etwa zwei Drittel der Einwohner Thüringens gehören keiner Religionsgemeinschaft an. Dies lässt sich leicht durch die DDR-Sozialisation erklären, als der Grossteil der Bevölkerung der Kirche den Rücken zuwandte. Heute zeichnet sich zwar ein gegenläufiger Trend ab, trotzdem liegt der Anteil der Kirchenmitglieder deutlich unter vergleichbaren Bundesländern des Westens. Etwa 20 % der Thüringer bekennen sich zum evangelisch-lutherischen Glauben, knapp 10 % sind Katholiken.

Geschichte im Überblick

Seit 700 v.Chr. Keltische Stämme dringen in den Thüringer Wald vor und errichten bei Römhild die Steinsburg.
Um 470 n.Chr. Erstmals ist ein Königreich der Thüringer an Unstrut und Ilm registriert.
742 Das Bistum Erfurt entsteht.
1056–1106 Kaiser Heinrich IV. versucht, durch den Bau von Burgen zwischen Harz und Thüringer Wald seinen Herrschaftsanspruch zu sichern.
Um 1206–1207 Auf der Wartburg wird der Sängerstreit ausgetragen.
1493 In Westthüringen kommt es zu ersten Bauernaufständen.
1521 Luther auf der Wartburg.
1525 Reformation und Deutscher Bauernkrieg; Einsetzung des »Ewigen Rats«; die Bauern werden bei Bad Frankenhausen vernichtend geschlagen.
1531 Gründung des Schmalkaldischen Bundes protestantischer Fürsten.
1546 Schmalkaldischer Krieg zwischen Schmalkaldischem Bund und Kaiser Karl V.
1558 Gründungsdatum der Universität Jena.
1572 Der ernestinische Besitz teilt sich in die Linien Weimar und Coburg-Eisenach. Die deutsche Kleinstaaterei prägt sich aus.
1618–1648 Im Dreißigjährigen Krieg verliert Thüringen fast die Hälfte seiner Bevölkerung.
1640–1675 Herzog Ernst der Fromme formt Gotha zum protestantisch-absolutistischen Musterstaat um.
1774 Goethe kommt als Minister nach Weimar, Conrad Ekhof an das Hoftheater in Gotha.
1775–1828 Herzog Carl August regiert in Weimar. Die politische Zersplitterung Thüringens erreicht ihren Höhepunkt.
1803 Als Folge des Friedens von Lunéville (1801) erhält Preußen die Stadt Erfurt, das Eichsfeld, die Herrschaft Blankenhain sowie die Reichsstädte Mühlhausen und Nordhausen.
1806 In der Doppelschlacht bei Jena und Auerstedt schlagen die französischen Truppen die preußische Armee.
1807 Thüringische Territorien schließen sich dem Rheinbund an. Erfurt steht unter französischer Verwaltung.
1815 Nach dem Wiener Kongress fallen Erfurt und das Eichsfeld an Preußen; Teilnehmer der Befreiungskriege gründen die Jenaische Burschenschaft, u. a. mit dem Ziel der Einigung Deutschlands.
1817 Höhepunkt der Studentenbewegung ist das Wartburgfest.
1846 Erste Eisenbahnstrecke Weimar– Weißenfels. Carl Zeiss gründet in Jena die Optischen Werkstätten.
1848/49 Thüringische Staaten erhalten neue Grundgesetze und Landtage.
1860 Die Kunsthochschule Weimar wird eingerichtet.

1869 In Eisenach wird die Sozialdemokratische Deutsche Arbeiterpartei aus der Taufe gehoben.
1875 Einigungsparteitag der Sozialisten in Gotha.
1889 Der Physiker Ernst Abbe ruft die Carl-Zeiss-Stiftung ins Leben.
1890–96 Das Kyffhäuser-Denkmal wird zu Ehren von Kaiser Wilhelm I. errichtet.
1891 Die SPD verabschiedet das »Erfurter Programm«.
1900 Ernst Abbe, der Sozialreformer (Carl-Zeiss-Stiftung), führt den Achtstundentag ein.
1918/19 Die Fürsten- und Herzogtümer werden aufgelöst und in Freistaaten umgeformt.
1919 Die Deutsche Nationalversammlung in Weimar verabschiedet die Weimarer Verfassung und begründet damit die »Weimarer Republik«.
1920 Niederschlagung des Kapp-Putsches. Die Freistaaten werden zum Land Thüringen vereinigt.
1937 Errichtung des Konzentrationslagers Buchenwald.
1944 Die preußischen Gebiete einschließlich Erfurt werden Thüringen eingegliedert.
1945 Thüringen wird von US-Truppen besetzt und im Juli Teil der sowjetischen Besatzungszone.
1949 Gründung der DDR.
1952 Das Land Thüringen wird aufgelöst und in die Bezirke Erfurt, Gera und Suhl eingeteilt. Entvölkerung der grenznahen Gebiete.
1961 Der Rennsteig wird durch den »Todesstreifen«, die deutsch-deutsche Grenze, unterbrochen.

Das Kyffhäuser-Denkmal

1990 Im wiedervereinigten Deutschland wird Erfurt Landeshauptstadt von Thüringen.
1994 Die Landkreise werden von 35 auf 17 reduziert. Durch Volksentscheid bekommt der Freistaat Thüringen seine Verfassung.
2002 Am 26. April Amoklauf im Erfurter Gutenberg-Gymnasium.
2004 Thüringen begeht das Jubiläum 500 Jahre Bach-Familie. Die CDU-Regierung mit Dieter Althaus an der Spitze wird in der Landtagswahl mit 43 % bestätigt.
2007 Die BUGA 2007 mit den zwei Gastgeberstädten Gera und Ronneburg ist die erste Bundesgartenschau in Thüringen.
2008 Ministerpräsident Dieter Althaus gerät bundesweit wegen eines Skiunfalls in Österreich in die Schlagzeilen. Beim Zusammenstoß mit einer 41-jährigen Slowakin wird er schwer verletzt; die Frau kommt ums Leben.

Kunst und Kultur

Architektur

Thüringen ist wie kein anderes Bundesland von der Kleinstaaterei geprägt: Es gibt kaum eine Stadt ohne Residenz oder Sommerresidenz eines Herzogs, Großherzogs oder eines anderen Provinzfürsten, und selbst deren Tod setzte der Prachtentfaltung der Herrschaften kein Ende. In vielen Kirchen Thüringens finden sich aufwendige Grabdenkmäler und Epitaphien oftmals obskurer Duodezfürsten.

In wesentlich früherer Zeit entstanden die Bauwerke, die Herrschern wie Untertanen Schutz vor Überfällen feindlich gesinnter Nachbarn boten: die Burgen. Die bekannteste dieser Befestigungen ist die Wartburg, die 1067 von Ludwig dem Springer gegründet wurde. Weit älter ist die Steinsburg, eine 70 ha große Keltenfestung bei Römhild.

Aus dem Königreich der Thüringer, das zur Zeit der Völkerwanderung von ca. 400–531 bestand und von der Werra bis zur Elbe sowie von der Oker, einem Nebenfluss der Aller, bis an den Main reichte, sind keine Baudenkmäler erhalten. Nach der Schlacht an der Unstrut (531) kam das Gebiet unter fränkische Herrschaft. Franken waren es auch, die die Thüringer zu christianisieren begannen.

Die dauerhafte Bekehrung der Bevölkerung gelang aber erst Bonifatius, welcher um 725 die Johanniskirche bei Georgenthal, das Kloster Ohrdruf und die Marienkirche Erfurt stiftete. 742 schließlich gründete er das Bistum Erfurt. Das idyllisch an der Gera gelegene Arnstadt wird bereits im Jahr 704 urkundlich erwähnt.

Aus **romanischer Zeit** sind die Krypten einiger Kirchen erhalten, z.B. in Heiligenstadt und Erfurt, sowie die Ruine des Klosters Paulinzella, des wohl berühmtesten romanischen Baudenkmals in Thüringen. Auf den baukünstlerischen und architektonischen Wert der Wartburg machte schon Johann Wolfgang von Goethe aufmerksam; Palast und Kapelle ziert figürlicher und pflanzlicher Schmuck aus dem 13. Jh.

Gotische Baudenkmäler finden sich nahezu überall in Thüringen – Burgen, Stadtbefestigungen, Bürgerhäuser, Kirchen und Klöster. Herausragende Beispiele für diesen Baustil sind die St.-Severi-Kirche auf dem Domberg in Erfurt, das Rathaus und die Marienkirche in Mühlhausen sowie die Liebfrauenkirche in Arnstadt.

In vielen thüringischen Städten und Dörfern ist das mittelalterliche Straßennetz erhalten. In den verwinkelten Gassen weht auch heute noch ein Hauch von Mittelalter, besonders im idyllischen Schmalkalden und in Mühlhausen, dem Zentrum des deutschen Bauernkriegs.

Die **Baukunst der Renaissance** hat überwiegend in Rathäusern und Bürgerhäusern ihren Niederschlag gefunden. Die unruhigen Zeiten von Bauernkrieg, Nachreformation und Dreißigjährigem Krieg hemmten die Bautätigkeit. Noch vor Kriegsende begann jedoch Herzog Ernst I. von Sachsen-Gotha 1643 in der Residenzstadt seines 27 km² großen Fürstentums mit dem Bau von Schloss Friedenstein. Der erste Schlossneubau in Deutschland nach dem Dreißigjährigen Krieg war zugleich das **erste Thüringer Barockschloss** – viele weitere folgten.

In Schleiz und im nicht weit davon entfernten Zeulenroda kam es im frühen 19. Jh. zu furchtbaren Stadtbränden. Dies hatte zur Folge, dass hier **klassizistische Bauensembles** von einzigartiger Geschlossenheit entstanden, die man noch heute bewundern kann.

Der Baustil der Gründerzeit, der **Historismus**, lässt sich am Kyffhäuser-Denkmal bei Bad Frankenhausen studieren – es spiegelt das nationale Pathos und Selbstbewusstsein der Epoche nach dem Sieg über Frankreich 1870/71 wider. Musterbeispiele des Historismus sind auch die Versicherungspaläste in Gotha zwischen Schloss und Bahnhof und ein Großteil der Randbebauung des Angers in Erfurt.

Nach der **Ära des Jugendstils** (Theater in Gera) machte sich, hervorgerufen durch den Ersten Weltkrieg und die Weltwirtschaftskrise, Ernüchterung breit, die in der Architektur des Funktionalismus sowie der Kunst des Expressionismus und der **Neuen Sachlichkeit** ihren Niederschlag fand. Einer ihrer bedeutenderen Vertreter ist der Geraer Maler Otto Dix.

An der Entwicklung der Ideen des Funktionalismus war das **Staatliche Bauhaus** in Weimar, das 1919 gegründet wurde, maßgeblich beteiligt. Was dagegen aus der Zeit des Nationalsozialismus blieb, sind Stätten der Zerstörung und Vernichtung.

Schloss Friedenstein beherbergt mehrere wertvolle Kunstsammlungen

Geistesgrößen

Kaum ein Ort in Thüringen, in dem nicht an irgendeiner Hauswand ein Schild auf prominente Besucher hinweist: Hier lebten, wirkten, feierten, stritten oder fluchten Goethe, Schiller, Wieland, Luther, Müntzer, Nietzsche, Fröbel, Zeiss, Wagner, Bach oder Meister Eckhart ... Die Liste der Berühmtheiten ließe sich noch lange fortsetzen. Was zog sie alle nach Thüringen?

Ein Blick auf Weimar, die Stadt der deutschen Klassik, zeigt, wie Kultur vom Wirken bestimmter Persönlichkeiten abhängt. Hätte die schöngeistig veranlagte Fürstin Anna Amalia, die als 20-jährige Witwe die Herrschaft übernahm, die Erziehung ihres Sohnes Carl August nicht in die Hände von aufgeschlossenen Lehrern wie Christoph Martin Wieland gelegt, hätte sich wohl kaum die Freundschaft mit Goethe entwickelt. Als Herzog holte Carl August Goethe später nach Weimar, Herder und Schiller folgten. Das 6000 Einwohner zählende Städtchen war zu einem Treffpunkt der geistigen Elite Deutschlands geworden.

Nach Goethes Tod war es Franz Liszt, der Weimar neue kulturelle Impulse gab. Er förderte avantgardistische und unkonventionelle Komponisten wie Richard Wagner. Was die Musik angeht, hatte Weimar schon immer große Namen zu bieten. Johann Sebastian Bach war hier von 1708 bis 1717 Hoforganist und Kapellmeister.

1919 ging das staatliche Bauhaus unter Walter Gropius aus der Kunstgewerbeschule Henry van de Veldes hervor, der Nachfolgerin der ebenfalls progressiven Kunstschule Weimars. 1925 zog das Bauhaus nach Dessau, da der konservative Landtag auf Betreiben der rechtsradikalen Parteien kein Geld mehr bereitstellte. So war es immer: Künstler und Wissenschaftler blieben auf die Unterstützung durch Mäzene aus Politik und Wirtschaft angewiesen. Da die zahlreichen Fürstentümer in Thüringen viel zu klein waren, um politische oder militärische Macht zu erringen, verschafften sich ihre Herrscher eben Weltruhm als Förderer von Kunst und Kultur.

Der **Sozialismus** hat seine Spuren hinterlassen, wenn auch nicht immer die architektonisch ansprechendsten. Mit den industriellen Baumethoden des Plattenbaus begann der Niedergang vieler thüringischer Städte. Historische Bausubstanz verfiel oder wurde niedergerissen und durch eine seelenlose Einheitsarchitektur ersetzt. Einige Bauwerke aus DDR-Zeiten verdienen jedoch aufgrund ihrer ausgefallenen Architektur Beachtung, etwa das Hotel Panorama in Oberhof, das zwei gegeneinander gekehrten Sprungschanzen ähnelt. Für das Universitätshochhaus in Jena nahm man sich ein Fernrohr als Modell. Der zylindrische Bau, der über Bad Frankenhausen thront, beherbergt das Panorama-Museum mit dem 14x123m großen Monumentalgemälde »Frühbürgerliche Revolution in Deutschland« von Prof. Werner Tübke (1929–2004), ein Hauptwerk des Begründers der Leipziger Malerschule.

Hotel Panorama in Oberhof

Natur und Umwelt

Thüringen gehört zu den waldreichsten deutschen Bundesländern. Die Industriekomplexe, die zur Zeit der DDR die Wälder schwer geschädigt hatten, sind verschwunden oder mit moderner Umwelttechnik ausgerüstet, sodass die Landschaft wieder weitgehend intakt ist. Zwei Biosphärenreservate – Gebiete, in denen die Kultur- und Naturlandschaft besonderem Schutz unterliegt – wurden von der UNESCO ausgewiesen: das **Biosphärenreservat Vessertal** im Thüringer Wald mit seinen bunten Bergwiesen und Rotbuchenwäldern sowie das **Biosphärenreservat Rhön**, das sich bis nach Hessen und Bayern erstreckt. Urwüchsige Wälder und seltene Tierarten beheimatet der **Nationalpark Hainich** zwischen Eisenach und Mühlhausen. Der **Naturpark Thüringer Wald** ist mit seinen herrlichen Wäldern und Seen eines der schönsten Wandergebiete Deutschlands.

Die großen Flüsse Saale, Werra, Unstrut und Ilm, einst zu giftigen Kloaken herabgesunken, sind sämtlich saniert und dienen nun wieder Anglern und Wasserwanderern als Revier. Große und sichtbare Fortschritte macht auch die Sanierung der monströsen Hinterlassenschaften des Uranbergbaus in und um Ronneburg, ein weltweit einzigartiges Mammutprojekt in Sachen Umweltschutz. Ein Meilenstein der Sanierung ist die »Neue Landschaft Ronneburg«, eine für die Bundesgartenschau 2007 revitalisierte Landschaft. Insgesamt mindestens 6 Mrd. Euro wird es kosten und vermutlich noch weitere zehn Jahre dauern, bis die in 40 Jahren angerichteten Schäden endgültig beseitigt sind.

Feste und Veranstaltungen

Festkalender

Januar: Kalter Markt in Römhild, ein Töpfermarkt am letzten Do im Januar (www.stadt-roemhild.de/kalter-markt.html).
Biathlon-Weltcup in Oberhof (www.biathlon.oberhof.de).
Februar: Karneval in Wasungen und anderen Orten an der Werra.
Trans Thüringia, Schlittenhunderennen entlang des Rennsteigs (www.trans-thueringia.de).

Auf dem TFF-Festival in Rudolstadt

Oberhofer Skifasching am Samstag vor Rosenmontag.
März: Sommergewinn in Eisenach, ein Jahrmarkt am dritten Sonntag vor Ostern (www.sommergewinn.eisenachonline.de).
Die **Heiligenstädter Leidensprozession** am Palmsonntag versammelt die Katholiken des Eichsfelds (www.katholisch.de/1202.html).
Bachwochen in Arnstadt, Eisenach, Erfurt, Gotha, Mühlhausen und Weimar (www.thueringer-bachwochen.de).
April: Frühlingsfest in Erfurt.
Mai: Skatbrunnenfest in Altenburg rund um das Thema Skat.
Gothardusfest am ersten Maiwochenende in Gotha, ein großes Stadtfest (www.gothardusfest.de).
Der **Rennsteiglauf** über 70, 42 oder 21 km ist mit rund 15 000 Teilnehmern der größte Cross-Country-Lauf Deutschlands. (www.rennsteiglauf.de).
Juni: Rolandfest in Nordhausen.
Altenburger Prinzenraub Festspiele, Open-Air-Theaterspektakel im Schloss zu Altenburg, bis Juli (www.prinzenraub.de).
Beim **Krämerbrückenfest** trifft sich ganz Erfurt in der Altstadt.

Kunstfest Weimar mit Theater, Tanz, Film und Ausstellungen, bis Juli (www.kunstfest-weimar.de).
Dornburger Rosenfest im Rokokostil (www.dornburger-rosen fest.com).
Juli: TFF in Rudolstadt, Deutschlands größtes Folk- und Weltmusikfestival, am ersten Juliwochenende (www.tff-rudolstadt.de).
Motorradrennen auf dem Schleizer Dreieck (www.schleizer-drei eck.de).
Pferdewallfahrt in Etzelsbach am zweiten Sonntag im Juli.
Festival der Weltmusik in Jena bis Aug. (www.klangwelten.com).
August: Lichterfest im Ega-Park in Erfurt.
5. Aug. **Wallfahrt** in Etzelsbach zu Maria Schnee.
Rudolstädter Vogelschießen, der größte Rummel Thüringens, wird seit 1722 gefeiert (www. vogelschiessen-rudolstadt.de).
Montgolfiade in Heldburg, Ballonfahrertreffen am letzten Augustwochenende (www. thueringer-montgolfiade.de).
September: Jazztage in Jena.
Oktober: Heinrich-Schütz-Tage mit Barockmusik in Bad Köstritz (www.schuetztage.de).
Der **Zwiebelmarkt in Weimar** ist ein traditionsreiches Fest rund um die Zwiebel (zweiter Sa).
Theresienfest in Hildburghausen zu Ehren einer früheren Hildburghäuser Prinzessin (www. theresienfest.de).
November: Musikfestwochen in Greiz mit dem Stavenhagen-Wettbewerb für Nachwuchsmusiker (www.kms-greiz.de).
Martinsfest (10. Nov.) in Nordhausen.
Dezember: Der **Weihnachtsmarkt auf der Wartburg** gehört zu den schönsten Deutschlands (www.wartburg-eisenach.de).

Essen und Trinken

Thüringen ist bekannt für seine herzhafte und bodenständige Küche. Leicht wurde hier noch nie gegessen. Zu verstehen ist das schon, denn in Thüringen lebten immer Menschen, denen körperliche Arbeit abverlangt wurde: Bauern, ebenso wie Forstarbeiter und Bergleute. Die Rostbratwurst ist weltberühmt und wird von echten Thüringern nur mit Senf und nie, aber auch wirklich nie mit Ketchup gegessen.

Traditionelles und Herzhaftes

»Das Leben jedes echten Thüringers ist gleichsam mit einer Perlenschnur von Kartoffelklößen durchflochten, und seine Augen leuchten, wenn er nur den Namen dieses für ihn so köstlichen Gerichtes aussprechen hört«, schrieb 1894 Heinrich Seidel. Die **Klöße** werden aus rohen Kartoffeln hergestellt. Gegessen werden die samtweichen Gebilde mit

Echt gut!

Die authentischsten Kloß-Restaurants

■ **Schlundhaus in Meiningen**
Schlundgasse 4][98617 Meiningen
Tel. 0 36 93/81 38 38
www.meininger-hotels-mit-flair.de
Urige Gaststube. Der Legende nach wurden hier die Thüringer Klöße erfunden. ●●

■ **Klausenhof**
Unterhalb von Burg Hanstein
37318 Bornhagen/Eichsfeld
Tel. 03 60 81/6 14 22
www.klausenhof.de
Am Fuße der Burg Hanstein kann man in mittelalterlichem Ambiente tafeln. Zu den Klößen gibt es Wild aus den umliegenden Wäldern und Gewürze aus dem eigenen Garten. ●●

■ **Zum güldenen Rade**
Marktstraße 50][99084 Erfurt
Tel. 03 61/5 61 35 06
www.zum-gueldenen-rade.de
In Erfurt in einem Patrizierhaus aus dem 16. Jh. gibt es gefüllte Klöße, z. B. mit Leberwurst oder Spinat. ●●●

■ **Zur Noll**
Oberlauengasse 19][07743 Jena
Tel. 0 36 41/5 97 70][www.zur-noll.de
Das traditionsreiche Gasthaus in Jena bietet Musikabende und Ausstellungen. Serviert wird Thüringisch-Deftiges – natürlich mit Klößen. ●●

■ **Eisenacher Hof**
Katharinenstr. 13][99817 Eisenach
Tel. 0 36 91/2 93 90
www.eisenacherhof.de
Hier schlemmt man zu den Klängen von Laute und Schalmei. Meterlange Bratwürste und saftiges Spanferkel kommen mit mittelalterlichen Brotklößen auf den Tisch. ●●●

viel Soße zu Topfbraten, Sauerbraten, Zwiebelfleisch und Wildgerichten. Dazu gibt es Rotkohl, der meist mit Äpfeln, Nelken und Zucker gedünstet wird. Alles über die Klöße erfährt man im Thüringer Kloßmuseum › S. 14.

Die **Thüringer Rostbratwurst** ist zum wichtigsten Werbeträger des Landes geworden. Das Original muss auf einem Holzkohlegrill oder – noch besser – einem Tannenzapfengrill garen und wird in der Regel mit warmem Kartoffelsalat gegessen. Auch der Bratwurst ist ein eigenes Museum gewidmet › S. 83. Eine weitere deftige Spezialität ist das **Rostbrätel** – in Bier, Senf, Öl, Salz und Pfeffer marinierte und gegrilllte Schweinekammscheiben.

Aus dem Thüringer Wald kommt der **Schleusinger Porreetopf**, ein Eintopf aus Suppenhuhn, Lauch, Kartoffeln und Karotten. Den anheimelnden Namen **Schniedla mit Schwammla** trägt ein Gericht aus Südthüringen: eine dicke Suppe aus Kartoffeln und Steinpilzen. An Schlachttagen gibt es **Thüringer Kesselsuppe** aus Blut- und Leberwurst mit Schwarzbrotwürfeln und Knoblauch. Liebhaber der deftigen Küche kommen im Osten Thüringens auf ihre Kosten – beim Verspeisen einer **Schlachtplatte**.

Im Eichsfeld lässt man sich das geschmorte **Worbiser Entenfleisch** schmecken, am Kyffhäuser lockt die **Frankenhauser Birnenpfanne.** Auch Mühlhausener Majoranklöße und Heldrungener Erbsensuppe schmecken da am

Hausmannskost: Roulade mit Klößen

besten, wo sie herkommen. Eine thüringische Errungenschaft ist die **Brunnenkresse**. Sie wächst in der Gegend um Erfurt und Eisenach und wucherte seit jeher an Flussläufen. Erfurter Gärtnern gelang es, sie zu kultivieren und als Gemüse einzuführen.

Berühmt ist der Thüringer **Zwiebelkuchen.** Man behauptet sogar, dass Truppen Napoleons sein Rezept in ihre Heimat mitnahmen, wo es zur Quiche Lorraine abgewandelt wurde.

Kuchen und anderes Süßes

Wenn in Thüringen gefeiert wird, dann steht auch reichlich Kuchen auf den Tischen, mindestens ein Dutzend Sorten. Und jede mundet: Versuchen sollte man unbedingt den **Kirmeskuchen** (Quarkkuchen mit Butterstreuseln), den **Matschkuchen** (Hefeteig mit Quark und Obst belegt, mit saurer Sahne übergossen) und den **Thüringer Blechkuchen** (Hefeteig mit Quark und verschiedenen Früchten).

Bier und Wein

Die Thüringer sind wie die Bayern und die Oberfranken Biertrinker. Die Braukunst hat hier nicht nur eine lange Tradition, sondern auch ganz eigene Sorten zu bieten. Überregional bekannt ist das **Köstritzer Schwarzbier**; aber auch die Biere der 20 anderen Brauereien wie z. B. Altenburg, Apolda, Arnstadt, Meiningen oder Pößneck sollte man einmal probieren. **Wein** spielt zwar eine deutlich geringere Rolle, aber im Saale-Unstrut-Gebiet, im Grenzland zu Sachsen-Anhalt, liegen Thüringens Weingüter, die ausgezeichnete Tropfen zu bieten haben › S. 14.

Unterwegs in Thüringen

Entdecken Sie die einzelnen Reiseregionen – jeweils mit den schönsten Touren, allem Sehens- und Erlebenswerten, Hotel-, Restaurant-, Nightlife- und Shoppingtipps

Thüringens Norden

Nicht verpassen!

- Eine Zeitreise ins Mittelalter innerhalb Mühlhausens vollständig erhaltener Stadtmauer
- Ein Rendezvous mit Buntspecht und Buchfink auf Augenhöhe bei einem Spaziergang auf dem Baumkronenpfad im Nationalpark Hainich
- Einen Besuch bei Kaiser Friedrich Barbarossa am Kyffhäuser-Denkmal
- Sich in den Details des gewaltigen Gemäldes im Panoramamuseum Bad Frankenhausen verlieren
- Im Bärenpark Worbis Bären und Wölfen in die Augen schauen

Karte
Seite 44

Zur Orientierung

Reizvolle Landschaften prägen den Norden von Thüringen. Dazu gehören der Nationalpark Hainich mit seinen dunklen Buchenwäldern und dem pfiffigen Baumkronenpfad sowie die Ebene bei Nordhausen, die man wegen ihrer Fruchtbarkeit auch Goldene Aue nennt. Vor dem Harz lagert die kleine, aber steile Erhebung des Kyffhäusergebirges, und zwischen die sanften Hügel des Eichsfelds sind malerische Fachwerkdörfer und kleine Städtchen gestreut.

Neben Naturschätzen wartet Thüringens Norden mit mehreren geschichtsträchtigen Orten auf. Zu den Highlights gehören das imposante Kyffhäuser-Denkmal für Kaiser Wilhelm I. und das Panorama-Museum von Bad Frankenhausen mit dem monumentalen Wandgemälde, das an den Bauernkrieg erinnert. In Mühlhausen kann man eine fast 3 km lange Stadtmauer bewundern.

Touren in der Region

Reise in die deutsche Geschichte

(4) Bad Langensalza › Mühlhausen › Leinefelde-Worbis › Nordhausen › Sondershausen › Barbarossahöhle › Kyffhäuser-Denkmal › Bad Frankenhausen

Dauer:
4 Tage, 181 km
Praktische Hinweise:
Die Barbarossahöhle hat montags geschlossen.

Diese Tour führt in einem großen Bogen einmal rund ums Thüringer Becken. Buchstäblich in die Vergangenheit reisen Sie in ***Bad Langensalza** › S. 48 und ****Mühlhausen** › S. 47. Von kriegerischen Zerstörungen und Industrialisierung fast verschont, bilden beide Städte eindrucksvolle Panoramen aus Türmen, gotischen Kirchen und romantisch anmutenden Fachwerkhäusern. Geschichtsinteressierte besuchen in Mühlhausen das Bauernkriegsmuseum. In Bad Langensalza locken ein Rosengarten und ein Japanischer Garten. Bei **Worbis** sollte man sich sich Burg Bodenstein nicht entgehen lassen, eine sehr schön restaurierte 900-jährige Burg, die jetzt als Freizeit- und Begegnungsstätte dient. Bei einer Übernachtung hat man hier die Wahl zwischen der exklusiven Dornröschen-Suite und komfortablen, aber schlichter eingerichteten Zimmern (Burgstr. 1, 37339 Bodenstein, Tel. 03 60 74/9 70, www.burg-bodenstein.de).

In **Nordhausen** › S. 50 lohnt sich der Besuch des **Doms zum hl. Kreuz, anschließend lädt der

Rosengarten von Bad Langensalza

große Stadtpark mit Teichen, kleinen Wanderwegen und Tiergehegen zu einem Spaziergang ein. Gut übernachten kann man im Landgasthof zur Goldenen Aue.

Ganz in der Nähe von **Sondershausen** › S. 51 erfreuen sich Kinder im **Freizeitpark Possen** am Streichelzoo und am Bärenzwinger. Im ehemaligen fürstlichen Jagdschloss gibt es original Thüringer Klöße und eine reiche Auswahl an Wildgerichten. In der ***Barbarossahöhle** › S. 53 bei Rottleben schläft der Sage nach Kaiser Friedrich Barbarossa, um erst wiederzukommen, wenn er von den Menschen gerufen wird. Ein Höhepunkt der Tour ist das ****Kyffhäuser-Denkmal** › S. 53 mit dem Reiterstandbild Kaiser Wilhelms I. und der steinernen Figur von Kaiser Barbarossa. Schaut man genauer hin, hat man den Eindruck, der Kaiser könnte gerade erwachen. Höhle und Denkmal liegen mitten im Naturpark Kyffhäuser, in dem Sie ganz unterschiedliche Landschaften auf kleinem Raum erleben können. Botanische und geologische Schätze bietet das **Kyffhäusergebirge** mit seinen Streuobstwiesen und den leuchtend weißen Gipshängen, die an die Karstgebiete in Südosteuropa erinnern. Unbedingt auf dem Reiseplan stehen sollte ferner das Panoramamuseum in ****Bad Frankenhausen** › S. 52 mit dem Monumentalbild »Frühbürgerliche Revolution in Deutschland« von Werner Tübke.

Auf dem Unstrut-Radweg quer durch Thüringens Norden

5 Unstrutquelle nahe Heilbad Heiligenstadt › Mühlhausen › Bad Langensalza › Sömmerda › Heldrungen › Wiehe an der Grenze zu Sachsen-Anhalt

Dauer:
5 Tage, insgesamt 137 km
Praktische Hinweise:
Ausführliche Tourenhinweise erhalten Sie auf der Website: www.unstrutradweg.de

Die Tour ist ideal für alle, die sich gerne Kirchen, Schlösser, Mühlen und mittelalterliche Stadtlandschaften anschauen und gleichzeitig etwas für ihre Fitness tun wollen. Idyllisch beginnt es schon am Start. Verwittertes Mauerwerk schützt die **Quelle der Unstrut**, um die sich Bäume und Ruheplätze gruppieren. Gleich auf den ersten Kilometern grüßt ein altes Kloster mit einer Kirche. Ähnlich romantisch geht es weiter, in ****Mühlhausen** › S. 47 und ***Bad Langensalza** › S. 48 lohnen Abstecher ins historische Zentrum. Schlösser- und Burgenfans kommen beim nächsten Tourpunkt auf ihre Kosten. 5 km von **Sömmerda** entfernt erhebt sich die **Runneburg**, eine der großen romanischen Burgen Deutschlands. Im Kellergewölbe zeigt das Burgmuseum archäologische Funde und eine Münzsammlung. In der Landgrafenschänke kann man mittelalterlich speisen (Runneburg 2, Weißensee, Tel. 036374/20785, www.runneburg.de). Zur Übernachtung bietet sich das Hotel Erfurter Tor an (Kölledaer Str. 33, Sömmerda, Tel. 03634/3320, www.hotel-erfurter-tor.de).

4
Reise in die deutsche Geschichte
Bad Langensalza › Mühlhausen › Leinefelde-Worbis › Nordhausen › Sondershausen › Barbarossahöhle › Kyffhäuser-Denkmal › Bad Frankenhausen

5
Auf dem Unstrut-Radweg quer durch Thüringens Norden
Unstrutquelle nahe Heilbad Heiligenstadt › Mühlhausen › Bad Langensalza › Sömmerda › Heldrungen › Wiehe an der Grenze zu Sachsen-Anhalt

Das Wasserschloss **Heldrungen**, eine gut erhaltene Festung aus dem 12./13. Jh., wird von einem mächtigen Wassergraben geschützt. Am Ende der Tour lohnt die Modelleisenbahn-Ausstellung in **Wiehe**. Auf 12 000 m² Fläche bahnen sich Dampf-, Diesel- und Elektrolokomotiven ihren Weg durch liebevoll gestaltete Wälder. Übernachten kann man im Gasthaus zur Tanne mit Restaurant (Leopold-von-Ranke-Str. 42, Tel. 03 46 72/6 52 20, Mo, Di geschl.).

Unterwegs in Thüringens Norden

Heilbad Heiligenstadt 1

Am nördlichen Rand des Eichsfelds liegt das Heilbad Heiligenstadt (17 000 Einw.). Der berühmteste Sohn der Stadt ist der Bildschnitzer Tilman Riemenschneider (geboren um 1460). Von 1856 bis 1864 wirkte Theodor Storm hier als Kreisrichter.

Drei gotische Kirchen besitzt die Stadt. Die älteste ist die einstige Stiftskirche **St. Martin** (1304 bis 1487). Im Inneren beeindrucken vor allem ein bronzener gotischer Taufkessel, ein gotisches Lesepult in Form eines Chorknaben und das Grabmal des Mainzer Erzbischofs Adolf von Nassau, der 1390 starb (tgl. 10–17 Uhr).

In der **Aegidienkirche** ist der barocke Hauptaltar (1691) sehenswert. Er stammt aus der Quedlinburger Schlosskirche und steht erst seit 1944 dort. Mehr über die Eichsfelder Geschichte kann man im **Eichsfelder Heimatmuseum** im einstigen Jesuitenkolleg erfahren (Kollegiengasse 10, Mo geschl., Di–Fr 10–17, Sa, So 14.30–16.30 Uhr).

Info

Tourist Information
Wilhelmstr. 50
37308 Heilbad Heiligenstadt
Tel. 0 36 06/67 71 41
www.heilbad-heiligenstadt.de

Hotel

Norddeutscher Bund
Göttinger Str. 25
Tel. 0 36 06/5 53 00
www.hotel-norddeutscher-bund.de
Zentral, aber ruhig gelegen, mit gemütlichen Zimmern und bodenständiger Küche (eigene Fleischerei). ●●

Leinefelde-Worbis 2

Die Doppelstadt (21 000 Einw.), auch das Tor zum Eichsfeld genannt, liegt an der Wipper zwischen Ohmbergen im Norden und Dünwald im Süden. Hier verläuft die Wasserscheide zwischen Weser und Elbe. Am Markt in Worbis fällt die **Nikolauskirche** auf, ein schlichter Barockbau aus dem 18. Jh. Einen malerischen Eindruck machen die hübschen Fachwerkhäuser, etwa das Haus zum »Gülden Creutz«, das **Alte Gericht** (1540). Das Alte Gericht beherbergt heute das Heimatmuseum (Mo–Do 9–12, 14–16.30, Fr, Sa 9–12 Uhr) und das städtische Informations- und Besucherzentrum (www.leinefelde-worbis.de).

Bärenpark

Am bewaldeten Stadtrand von Worbis lockt der **Alternative Bärenpark**. Dort kann man Braunbären beobachten, die mit einem Wolfsrudel in einer 14 000 m² großen Freianlage leben (Duderstädter Str. 36 a, Tel. 0 36 074/9 29 66, www.baer.de, April–Okt. tgl. 10–19, Nov.–März 10–17 Uhr).

Grenzlandmuseum

Die Geschichte der innerdeutschen Grenze und die Folgen der Teilung thematisiert das **Grenzlandmuseum Eichsfeld** in Teistungen, rund 13 km nördlich des Zentrums, am ehemaligen Grenzübergang Worbis-Duderstadt (Duderstädter Str. 5, Tel. 03 60 71/ 9 71 12, www.grenzlandmuseum.de, Di–So 10–17 Uhr).

1 **Mühlhausen 3

Zwischen den bewaldeten Höhen von Hainich und Dünwald liegt im Tal der Unstrut Mühlhausen (ca. 37 000 Einw.). 967 erstmals urkundlich erwähnt, ist dies eine

In Mühlhausens Altstadt

der historisch interessantesten Städte Thüringens. Viele Bauten blieben erhalten aus der Zeit, in der Mühlhausen Freie Reichs- und Hansestadt war: Allein zehn gotische Kirchen zeugen von einstigem Wohlstand. Dass das mittelalterliche Stadtensemble mit Fachwerkhäusern so gut erhalten ist, liegt auch daran, dass Mühlhausen zu DDR-Zeiten als Revolutionsstadt Sondermittel zugeteilt wurden. Vollständig erhalten ist die mittelalterliche **Stadtmauer,** deren schönster Abschnitt begehbar ist (Zugang Frauentor; April–Okt. Di–So 10–17 Uhr). Ungewöhnlich ist die Lage des **Rathauses** – auf der Grenze von Alt- und Neustadt, in der Ratsstraße. Hier befindet sich auch das **Reichsstädtische Archiv** mit dem »Mühlhauser Rechtsbuch«, dem ältesten deutschsprachigen Stadtrecht (Ratsstr. 19, Tel. 0 36 01/ 45 21 41, Mo–Do 11–12, 13–15, Fr

11–12 Uhr). Südlich davon ist in der einstigen Barfüßlerklosterkirche St. Crucis das **Bauernkriegsmuseum** untergebracht und informiert über den Verlauf und die Nachwirkungen dieses Krieges (Kornmarkt, Tel. 03601/404684, www.muehlhaeuser-museen.de, Di–So 10–17 Uhr). Von dort aus sind es nur wenige Schritte in Richtung Norden zur gotischen **Marienkirche,** der nach dem Erfurter Dom zweitgrößten Hallenkirche Thüringens. Die Müntzergedenkstätte erinnert daran, dass hier einst Thomas Müntzer gepredigt hat (Di–So 10–17 Uhr). Johann Sebastian Bach wirkte 1707/08 in der **Divi-Blasii-Kirche** am Untermarkt. Die heutige Orgel wurde nach seinen damaligen Vorstellungen rekonstruiert.

Baum der Einheit

Nur wenige Kilometer südlich von Mühlhausen, in der Vogtei Dorla, steht eine junge Linde. 1991 gepflanzt, markiert sie den **Mittelpunkt des wiedervereinigten Deutschland**. Ausflüge organisiert die Tourist Information.

Echt gut! Die schönsten Naturparadiese

- **Nationalpark Hainich:** 17 Wanderwege führen durch ein Waldgebiet mit Rotbuchen, Eschen, Ahorn- und Lindenbäumen › S. 49.
- **Biosphärenreservat Vessertal:** Bergwälder, Moore und Bäche prägen das Traditionswandergebiet mitten im Thüringer Wald › S. 101.
- **Drachenschlucht:** Sie ist nur von Mai bis zum ersten Frost begehbar. An ihrer engsten Stelle ist sie gerade mal 70 cm breit › S. 20.
- **Biosphärenreservat Rhön:** Die fast baumlosen Hochebenen erlauben einen weiten Blick in die Landschaft › S. 111.
- **Eichsfeld:** In dem hügeligen und waldreichen Gebiet findet man viele der selten gewordenen Eiben › S. 46.

Info

Tourist Information
Ratsstr. 20][99974 Mühlhausen
Tel. 0 36 01/40 47 70
www.muehlhausen.de

Hotels

- **Brauhaus Zum Löwen**
Kornmarkt 3][Tel. 0 36 01/47 10
www.brauhaus-zum-loewen.de
Kleines Hotel in der Fußgängerzone mit hauseigener Brauerei. ●●
- **Sporthotel Mühlhausen**
Kasseler Str. 5][Tel. 0 36 01/49 80
www.sporthotel-muehlhausen.de
Moderner Zweckbau am Stadtrand. Tennis-, Squash- und Badmintonplätze, Fitness-Center, Saunalandschaft. ●●

Café

Café Schikore
Erfurter Str. 1][Tel. 0 36 01/81 27 97
Traditionelles Café, das für seine guten hausgemachten Kuchen bekannt ist. ●

*Bad Langensalza 4

Eingebettet in waldige Höhen wurde Langensalza (18 700 Einw.) 1811 dank seiner Thermalquellen

Kurort. Die **Stadtmauer** (13./14. Jh.) ist fast vollständig erhalten. Sehenswert sind das barocke **Rathaus,** die spätgotische Marktkirche **St. Bonifatius** und das barocke **Friederikenschlösschen**, heute Sitz der Kurgesellschaft. Das **Stadtmuseum** in den Räumen des früheren Augustinerklosters erinnert an die Schlacht bei Langensalza vom 27. Juni 1866 (Wiebeckplatz 6/7, Tel. 0 36 03/81 30 02, Di–Fr 10–12, 14–16, Sa 13–17, So 10–12, 13–17 Uhr).

Zur Entspannung lädt die **Friederikentherme** ein, eine großzügig angelegte Badelandschaft mit Fitness- und Wellness-Bereich (Böhmenstr. 5, Tel. 0 36 03/3 97 60, www.thueringen-kur.de, tgl. 9–22 Uhr). Im Anschluss ans Bad lohnt sich ein Spaziergang im **Japanischen Garten** Kofuku No Niwa mit großem Pflanzenpavillon und **original japanischem Teehaus** oder im **Rosengarten** nahe der Kurpromenade mit 11 000 Rosen.

Info

Tourist-Information
Bei der Marktkirche 11
99947 Bad Langensalza
Tel. 0 36 03/83 44 24
www.bad-langensalza.de

Hotel

Zur Weintraube
Mühlhäuser Str. 11
Tel. 0 36 03/84 61 33
www.zur-weintraube.de
Traditionsreiches Hotel in einem 400 Jahre alten Fachwerkhaus. Gute Thüringer Küche, im Sommer mit Biergarten. ●●

Auf dem Baumkronenpfad

Nationalpark Hainich 5

Das Gebiet des Hainich bildet mit einer Gesamtfläche von ca. 16 000 ha das größte zusammenhängende Laubwaldgebiet Deutschlands. Bemerkenswert sind die Rotbuchen und die große Artenvielfalt in der Tier- und Pflanzenwelt. Besucher können an vielen **Erlebnisprogrammen** teilnehmen: von der Heilpflanzenwerkstatt über **abendliche Wanderungen zur Rotwildbrunft mit Taschenlampe** bis zu Entdeckungsreisen auf den Spuren der Wildkatze.

Echt gut!

2 Baumkronenpfad

Einen besonders unzugänglichen Teil des Hainicher Urwaldes kann man mit Hilfe des **Baumkronenpfades** erkunden, den man nahe der Thiemsburg im Stadtwald von Bad Langensalza findet. Man sollte schwindelfrei sein, denn der Rundgang durch die Wipfel ist 300 m lang und steigt auf 24 m Höhe. Auf dem Baumhaus in 40 m Höhe wird man belohnt mit einem Rundblick über den Hainich und das Thüringer Becken. Ein Lift steht zur Verfügung (April–Okt. tgl. 10–19, Nov.–März 10–16 Uhr).

Info

Nationalpark Hainich
Bei der Marktkirche 9
99947 Bad Langensalza
Tel. 0 36 03/3 90 70
www.nationalpark-hainich.de

Nordhausen 6

Im Jahr 911 ließ Herzog Heinrich hier eine Pfalz errichten. Von 1220–1802 war Nordhausen (43 500 Einw.) Freie Reichsstadt und 1430–1433 Mitglied der Hanse. Trotz starker Bombenschäden im Zweiten Weltkrieg bietet die Stadt viele sehenswerte historische Gebäude. Bekannt wurde sie durch den Nordhäuser Doppelkorn. Die **Traditionsbrennerei** › S. 51 zeigt, wie der Korn ins Glas kommt. Für eine Flasche werden 25 000 Körner benötigt.

Das ***Alte Rathaus** mit seinen Erdgeschossarkaden und dem Treppenturm am Markt geht auf ein gotisches Bauwerk von 1360 zurück. 1610 wurde es im Stil der Spätrenaissance umgebaut und 1945 nach diesen Plänen wieder hergestellt. Die farbig gefasste ***Rolandsfigur** an der Westseite ist das Wahrzeichen der Stadt. Hier steht eine Kopie, das Original ist neben schönen Beispielen von sakraler Kunst des Mittelalters im ***Kunsthaus Meyenburg** zu sehen (Alexander-Puschkin-Str. 31, Tel. 0 36 31/88 10 91, Di–So 10–17 Uhr).

Norwestlich des Marktes kann man sich im ***Tabakspeicher,** einem Fachwerkhaus aus dem 17. Jh., über historisches Handwerk und Stadtarchäologie informieren (Bäckerstr. 20, Tel. 0 36 31/98 27 37, Di–So 10–17 Uhr). Ein Stück weiter nördlich steht der ****Dom Zum Heiligen Kreuz**, der aus der Kirche des 961 durch Königin Mathilde gegründeten Frauenstifts erwuchs. Das dreischiffige spätgotische Bauwerk entstand nach einem Brand im Jahre 1180. Von der romanischen Vorgängerkirche blieben die seitlichen Türme im Osten sowie die eindrucksvolle Krypta unter dem Chor erhalten. Die Wände des 1267 geweihten Chors zieren Stifterfiguren aus der Zeit um 1400 (Domstr. 5, tgl. 9–16 Uhr).

Geschichtsträchtige Fachwerkhäuser stehen in der Barfüßerstraße. Die Flohburg (Nr. 6) ist ein einstiges Ritterhaus aus dem 14. Jh. Haus Nr. 2 ist das Pfarrhaus St. Blasii, das 1713 auf den Grundmauern eines Hauses von 1544 erbaut wurde. Im Osten erhebt sich die gotische ***Blasiikirche**, in der man die Kopie des Gemäldes „Die Auferstehung des Lazarus“ von Lucas Cranach d. J. bewundern kann (tgl. 15–17, Sa, So 10–12, 14.30–16.30 Uhr). Weitere sehenswerte Häuschen findet man in der Gumpertstraße, die sich südlich, und im Altendorf, das sich nördlich an die Barfüßerstraße anschließt.

Von Nordhausen aus fährt die **Harzer Schmalspurbahn** durch den Harz. In drei Stunden ist man am Brocken (www.hsb-wr.de).

KZ-Gedenkstätte Mittelbau Dora

Im Ortsteil Krimderode arbeiteten 1943–45 ca. 60 000 Häftlinge aus über 30 Nationen in der Fertigung von Hitlers Vergeltungswaffen V1 und V2. Das Museum zeigt eine Dauerausstellung zur KZ-Geschichte mit Texten von Häftlingen und Tätern, collagenhaft vergrößerten Fotos, dazu historische Filme und Zeitzeugeninterviews (Kohnsteinweg 20, Tel. 0 36 31/4 95 80, www.dora.de, April–Sept. Di–So 10–18, Okt.–März 10–16 Uhr).

Info

Tourismus Informationszentrum
Markt 1][99734 Nordhausen
Tel. 0 36 31/69 67 97
www.nordhausen.de

Hotel

Zur Goldenen Aue
Nordhäuser Str. 63
Tel. 0 36 31/60 30 21][Fax 60 30 23
www.hotel-zur-goldenen-aue.de
Netter Landgasthof mit Restaurant. ●●

Restaurant

Da Capo
Käthe-Kollwitz-Str. 15
Tel. 0 36 31/47 83 89
Gutbürgerliche Thüringer Küche direkt im Nordhausener Theater. ●●

Schloss Sondershausen

Shopping

Nordhäuser Traditionsbrennerei
Grimmelallee 11][Tel. 0 36 31/99 49 70
www.traditionsbrennerei.de
Hier kann man beim Brennen von Spirituosen zusehen und diese verkosten (Führungen Mo–Sa 14 Uhr).

*Sondershausen 7

Bekannt ist der Ort (24 200 Einw.) als Musikstadt. Das über der Stadt thronende ***Schloss** der Fürsten von Schwarzburg-Sondershausen beeindruckt durch Stilelemente verschiedener Zeitepochen. Besonders sehenswert sind Blauer Saal, Liebhabertheater, Ahnengalerie und Goldene Kutsche (Tel. 0 36 31/62 24 20, Di–So 10–17, Führungen 14 Uhr).

Am Markt stehen einige beeindruckende Bauensembles, so die **Alte Wache,** das **Rathaus** und das **Prinzenpalais.** Die Häuser der Altstadt überragt die mächtige

Das Panoramamuseum Bad Frankenhausen zeigt ein 123 m langes Bild

barocke Stadtkirche **St. Trinitatis** aus dem 17. Jh.

Erlebnisbergwerk

Echt gut!

Glückauf, **die älteste befahrbare Kaligrube der Welt**, ist Schauplatz diverser Veranstaltungen von der Hochzeitsfeier bis zu Mountainbike-Wettbewerben unter Tage, sogar einen Konzertsaal gibt es (Tel. 0 36 32/65 52 80, www.erlebnisbergwerk.com, Mo–Sa 10, 14 und 16 Uhr, So 11 Uhr, nur nach Voranmeldung).

Info

Sondershausen-Information
Markt 9][99706 Sondershausen
Tel. 0 36 32/78 81 11
www.kyffhaeuser-tourismus.de

Hotels

Hotel Thüringer Hof
Hauptstr. 30–32][Tel. 0 36 31/65 60
www.thueringerhof.com
Hotel in der Fußgängerzone mit modern eingerichteten Zimmern. Restaurant, Café, englischer Pub. ●●

**Bad Frankenhausen 8

Die Solequellen und die damit verbundene Salzförderung führten 998 zur Gründung des Ortes (8800 Einw.). Auf dem **Schlachtberg** wurde 1525 das Bauernheer Thomas Müntzers vernichtend geschlagen. Ein Zinnfigurendiorama der Schlacht ist im **Heimatmuseum** zu sehen (Schlossstr., Tel. 03 46 71/6 20 86, Di–So 10–17 Uhr).

Im Ort stehen drei mittelalterliche Kirchen – die Altstädter-, die Unter- und die Liebfrauenkirche, auch **Oberkirche** genannt. Letztere hat den **schiefsten Turm in Deutschland** (3,8 m aus dem Lot), sie steht nur noch als Ruine. Wahrzeichen der Stadt ist der **Hausmannsturm**, der Rest einer Burganlage aus dem 13. Jh.

Herrlich entspannen kann man sich im Soleschwimmbecken der **Kyffhäuser Therme** (August-Bebel-Platz 9, Tel. 03 46 71/51 23,

Karte Seite 44

www.kyffhaeuser-therme.de, Mo bis Do 7–19, Fr 7–16 Uhr).

3 Panoramamuseum

Die Anhöhe des Schlachtbergs wird von einer monumentalen Rotunde gekrönt, dem Panoramamuseum mit dem wohl größten Gemälde der Welt, der »Frühbürgerlichen Revolution«. Es entstand 1983–87 nach Entwürfen des renommierten DDR-Künstlers Werner Tübke (1929 bis 2004). Über 3000 farbenprächtige, in altmeisterlicher Manier gemalte Einzelfiguren lassen das 16. Jh. lebendig werden (www.panorama-museum.de, April–Okt. Di–So 10–18, Nov.–März 10–17 Uhr, Juli/Aug. auch Mo 13–18 Uhr, Tel. 03 46 71/61 90).

Info

Kyffhäuser-Information
Anger 10][06567 Bad Frankenhausen
Tel. 03 46 71/7 17 17
www.kyffhaeuser-tourismus.de

Hotels

Thüringer Hof
Anger 15][Tel. 03 46 71/5 10 10
www.thueringer-hof.com
Traditionshaus im Zentrum mit 22 komfortablen Zimmern. Restaurant mit Thüringer Küche; Biergarten. ●

**Kyffhäuser 9

Etwa 10 km nördlich von Bad Frankenhausen auf dem Höhenzug steht das ****Kyffhäuser-Denkmal** (auch Barbarossa- oder Kaiser-Wilhelm-Nationaldenkmal). Die Burganlage war im Hochmittelalter eine der größten ihrer Art. Sie wurde 1118 zerstört und verfiel zur Ruine. Das gewaltige, 81 m hohe Denkmal (1891–1896) stammt von Bruno Schmitz.

Der Sage nach schläft Kaiser Friedrich I. Barbarossa im Gebirge, um dereinst aufzuwachen, das Land zu einen und von seinen Feinden zu befreien. Im Felsenhof ist eine Skulptur des erwachenden Barbarossa von Nikolaus Geiger zu bewundern, darüber ein Reiterstandbild Kaiser Wilhelms I. Vom 57 m hohen Turm hat man einen großartigen Rundblick (Tel. 03 46 51/27 80, www.kyffhäuser-denkmal.de, April–Okt. tgl. 9.30 bis 18, Nov.–März 10–17 Uhr).

*Barbarossahöhle 10

Echt gut!

Die berühmte Höhle in der Nähe von Rottleben ist auf einer Länge von 800 m begehbar. Riesige Kuppelsäle – der »Olymp« ist 32 m hoch – wechseln mit sehr niedrigen Gängen ab. Das Wasser der Seen in der Höhle schimmert kristallklar (Tel. 03 46 71/5 45 13, www.hoehle.de, April–Okt. tgl. 10–17, Nov.–März tgl. Di–So 10 bis 16 Uhr).

Goldene Aue

Das Kyffhäusergebirge wird durch die fruchtbare Goldene Aue vom Harz getrennt. Das Wandergebiet zwischen Nordhausen und Sangerhausen ist 19 km lang und ca. 7 km breit. Die höchste Erhebung ist mit 477 m der Kulpenberg. Infos: www.tourismus-goldeneaue.de

***Weimar

Nicht verpassen!

- Lassen Sie sich bei einer Führung durch Goethes Wohnhaus inspirieren
- Bewundern Sie im Bauhaus-Museum die Arbeiten berühmter Architekten und Designer
- Spazieren Sie durch den idyllischen Park an der Ilm zu Goethes Gartenhaus
- Genießen Sie eine Aufführung im Deutschen Nationaltheater
- Schwelgen Sie im Glanz der restaurierten Herzogin-Anna-Amalia-Bibliothek

Karte Seite 57

Zur Orientierung

Weimar wäre heute ein Residenzstädtchen unter vielen in Thüringen, wenn ihm nicht zahlreiche Dichter und Denker zu Weltruhm verholfen hätten. Goethe und Schiller trugen der Stadt mit heute 66 000 Einwohnern den Ruf einer Stadt der deutschen Klassik ein. Lucas Cranach d. Ä. und Martin Luther wirkten hier ebenfalls. Später kamen Johann Gottfried Herder, Richard Wagner, Friedrich Nietzsche, Franz Liszt, Richard Strauss, Thomas Mann, Lyonel Feininger und andere.

Auch die Moderne hat mit den Zeugnissen der hier gegründeten Bauhausschule bemerkenswerte Spuren hinterlassen. Nicht umsonst nahm die UNESCO sowohl die Stätten des klassischen Weimar als auch die Gebäude des Bauhauses in die Liste des Weltkulturerbes auf. Etwas Zeit sollte man also mitbringen zur Entdeckung. Allein mit dem Besuch der wichtigsten Highlights wie des Goethehauses, des Wohnhauses Schillers, der Anna-Amalia-Bibliothek und des Bauhaus-Museums kann man sich mehrere Tage beschäftigen, ganz zu schweigen von den vielen weiteren Museen, Gedenkstätten und Schlössern.

Es ist erstaunlich, dass sich Weimar trotz seiner Popularität den Charme einer beschaulichen Kleinstadt bewahren konnte – zu erleben ist das bei einem Besuch des Wochenmarkts vor dem Rathaus, beim Spaziergang durch den Park an der Ilm, beim Schlendern durch die verwinkelten Gassen und beim Einkaufen in den kleinen Läden der Fußgängerzonen.

Goethes Arbeitszimmer, der Juno-Raum, in seinem Wohnhaus

Touren in der Region

Auf Schillers Spuren

6 Goethe-Schiller-Denkmal › Schillerhaus › Frauenplan › Fürstengruft im Historischen Friedhof › Restaurant Café Frauentor

Dauer: 4–5 Std. zu Fuß, 4 km reine Wegstrecke

Praktische Hinweise: Die Tour ist ein bequemer Spaziergang. Schillers Wohnhaus hat dienstags geschlossen. Die Fürstengruft ist täglich geöffnet. Man kann sich auch einer von mehreren geführten Schiller-Touren anschließen, z. B. begleitet durch den im historischen Kostüm gewandeten »Diener Rudolf« (Buchung bei der Tourist Information).

Weimar gehört neben Jena, Meiningen und Rudolstadt zu den wichtigsten Wirkungsstätten Schillers in Thüringen. Das **Goethe-Schiller-Denkmal** auf dem

Rathaus von Weimar

Theaterplatz vor dem **Deutschen Nationaltheater** › S. 60 erinnert an die Beziehung der beiden Dichter, die zunächst von Distanziertheit, später von enger Freundschaft geprägt war. Von hier gelangt man über die Schillerstraße zum einstigen ***__Wohnhaus Schillers__** › S. 59, in dem dieser von 1802 bis zum Tod 1805 lebte.

Der Weg zum Historischen Friedhof führt über den **Frauenplan**, den Standort des *****Goethehauses** › S. 59. Bei seinem ersten Besuch in Weimar 1787 wohnte Schiller direkt neben dem Haus Goethes. Über die Amalienstraße erreicht man den Historischen Friedhof mit der *****Fürstengruft** › S. 64 und den Dichtersärgen. Seit ein Gutachten bewies, dass die vermeintlichen Gebeine Schillers nicht dem Dichter zuzuordnen sind, ist dessen Sarg leer.

Zur Stärkung am Ende der Stadttour bieten Weimarer Gastronomen Menüs zum Thema Schiller an. Im **Café Frauentor** (Schillerstr. 2, Tel. 0 36 43/51 13 22) wird z. B. ein viergängiges Schiller-Menü serviert, das aus dem Kochbuch Louise von Lengefelds stammt. Im **Gasthaus zum weißen Schwan** › S. 66 ist ein Drei-Gänge-Schillermenü bestellbar.

Schlösser und Parks in und um Weimar

7 Schloss Belvedere › Park an der Ilm mit Goethe-Gartenhaus › Stadtschloss › Schloss und Schlosspark Tiefurt

Dauer: Ein Tag (4,5 und 3,5 km)
Praktische Hinweise: Eine Tour zu Fuß, für Pkw oder Fahrrad. Mit dem Fahrrad führt ein Teil der Strecke durch den Park an der Ilm. Die Tour lässt sich im Winter nur eingeschränkt erleben, da Schloss Tiefurt und Schloss Belvedere dann geschlossen sind – dafür lässt sich von Dez. bis April die Orangerie von Schloss Belvedere besichtigen. Montags sind alle drei Museen geschlossen.

Wollen Sie wissen, wie man als Fürst im 18. Jh. so lebte? Dann kommen Sie doch mit auf diese Schlössertour. Bus Nr. 1 bringt Sie vom zentralen Goetheplatz südwärts zum *****Schloss Belvedere** › S. 65. Das Rokokoschloss mit Park, Orangerie und Russischem Garten diente den Weimarer Herzögen als Jagdschlösschen.

Zurück in die Stadt geht es an der Belvederer Allee vorbei an Kleingärten, dann durch den *****Park an der Ilm** › S. 61. In dieser weitläufigen Parkanlage befinden sich mehrere historische Gebäude und Anlagen des Gartenbaus. Ein Höhepunkt ist ein Besuch in ***Goethes Gartenhaus › S. 63.

Zum Stadtzentrum hin schließt den Park das zweite der drei Schlösser ab, die Sie heute besuchen: das ***Stadtschloss › S. 62 mit den Kunstsammlungen von

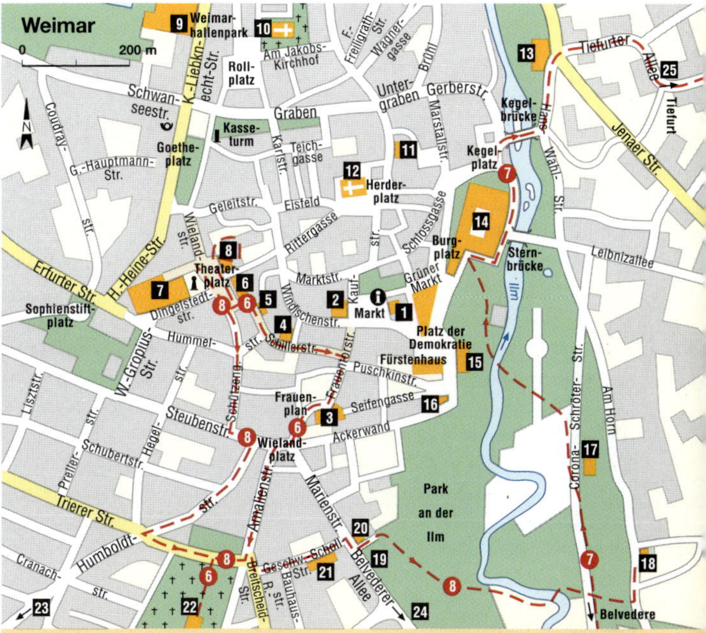

Auf Schillers Spuren
Goethe-Schiller-Denkmal › Schillers Wohnhaus › Frauenplan › Fürstengruft im Historischen Friedhof › Restaurant Frauentor

Schlösser und Parks in und um Weimar
Schloss Belvedere › Park an der Ilm mit Goethe-Gartenhaus › Stadtschloss › Schloss und Schlosspark Tiefurt

Bauhaus-Rundgang
Bauhaus-Museum › Denkmal für die Märzgefallenen 1920 › Bauhaus-Universität › Haus am Horn › Neues Bauen am Horn

1 Cranachhaus
2 Rathaus
3 Goethes Wohnhaus
4 Schillers Wohnhaus
5 Weimar-Haus
6 Wittumspalais
7 Deutsches Nationaltheater
8 Bauhaus-Museum
9 Bertuchhaus
10 Jakobskirche
11 Kirms-Krackow-Haus
12 Stadtkirche St. Peter und Paul
13 Goethe- und Schiller-Archiv
14 Stadtschloss
15 Herzogin-Anna-Amalia-Bibliothek
16 Haus der Frau von Stein
17 Goethes Gartenhaus
18 Haus am Horn
19 Parkhöhle
20 Liszt-Museum
21 Bauhaus-Universität
22 Historischer Friedhof
23 Nietzsche-Archiv
24 Schloss Belvedere
25 Schloss und Park Tiefurt

Im Bauhaus-Museum

Weimar. Bus 9 ab der Herderstraße bringt Sie dann in östlicher Richtung zum dritten Höhepunkt: ***Schloss Tiefurt › S. 65, dessen Park eine Schleife der Ilm umschließt. Mit seinem schönen Mobiliar und Porzellan lässt Anna Amalias Sommerresidenz heute wieder die Stimmung des frühen 18. Jhs. aufleben. Zurück ins Stadtzentrum gelangen Sie gut zu Fuß über die Tiefurter Allee und durch ein kleines Wäldchen.

Bauhaus-Rundgang

(8) Bauhaus-Museum › Denkmal für die Märzgefallenen 1920 › Bauhaus-Universität › Haus am Horn › Neues Bauen am Horn

Dauer: Ein halber Tag, 3,5 km reine Wegstrecke
Praktische Hinweise: Spaziergang oder Fahrradtour. Die Öffnungszeiten des Hauses am Horn beschränken die geeigneten Tage auf Mi, Sa oder So (nur April–Sept.). Bauhaus-

Touren zu den wichtigsten Stätten bieten Architekturstudenten der Uni Weimar (www.uni-weimar.de/bauhausspaziergang). Eine Bauhaus-Broschüre der Tourist Information empfiehlt weitere Orte, die mit dem Staatlichen Bauhaus verbunden waren (für 2,50 Euro zu bestellen: www.weimar.de).

Mit seinen klaren, schnörkellosen Formen eroberte ein neuer Architekturstil zwischen den Weltkriegen von Weimar aus die Welt: das Bauhaus. Die Tour beginnt im **Bauhaus-Museum › S. 60 am Theaterplatz. Über Schützengasse und Amalienstraße gelangen Sie zum **Historischen Friedhof** › S. 64, wo das Denkmal für die Märzgefallenen 1920 von Walter Gropius steht. Es handelt sich um eine Replik – das Original wurde von den Nazis zerstört. Nur wenige Schritte von hier liegt die ***Bauhaus-Universität › S. 64 mit dem Henry-van-de-Veldebau und der ehemaligen Kunstgewerbeschule. In den Gebäuden finden sich noch zahlreiche Spuren der Bauhaus-Designer. Durch den ***Park an der Ilm › S. 61 kommt man zum ***Haus am Horn › S. 63, der einzigen in Weimar realisierten Bauhausarchitektur. Gleich dahinter, zwischen der Straße Am Horn und der Leibnizallee, erstreckt sich das Quartier Bauen am Horn mit modernen Bauten, die als Hommage an die Bauhaus-Architekten errichtet wurden.

Karte Seite 57

Unterwegs in Weimar

Im Zentrum

Cranachhaus 1

Das älteste erhaltene Gebäude am Markt wurde 1547–1549 errichtet. Lucas Cranach d. Ä. richtete hier 1552 ein Atelier ein, in dem heute die Kleinkunstbühne »Theater im Gewölbe« zu erleben ist. Das links angrenzende Stadthaus mit seiner spätgotischen Fassade wurde 1970 rekonstruiert und ist Sitz der Tourist-Information.

Rathaus 2

Nachdem zwei Vorgängerbauten abbrannten, wurde der heutige, dreigeschossige Bau 1841 im neogotischen Stil errichtet. Im Turm erklingt viermal täglich ein Glockenspiel, das aus Meissener Porzellan hergestellt wurde. Es spielt verschiedene Melodien mit Weimar-Bezug, lässt sich aber auch per Hand bedienen.

4 ***Goethes Wohnhaus 3

In dem schlichten Barockbau lebte Goethe von 1782 bis zu seinem Tod 1832. Im Innern zeigt sich das Haus noch so, wie es der Dichterfürst eingerichtet hatte. Fast vollständig erhalten sind die Bibliothek sowie die kunst- und naturwissenschaftlichen Sammlungen. Das Goethe-Nationalmuseum zeigt eine Ausstellung zur Weimarer Klassik (Frauenplan 1, Tel. 0 36 43/54 53 47, www.klassik-stiftung.de, April–Okt. Di–So 9–18, sonst Di–So 9–16 Uhr).

***Schillers Wohnhaus 4

Schiller erwarb 1802 unter großen finanziellen Opfern dieses Gebäude. Das Haus, in dem er die letzten Werke, u. a. »Wilhelm Tell«, schrieb, ist seit 1847 Gedenkstätte (Schillerstr. 12, Tel. 0 36 43/45 43 50, April–Okt. Mi–Mo 9–18, Nov. bis März Mi–Mo 9–16 Uhr).

Weimar-Haus 5

Technisch aufwendig inszeniert das multimediale Erlebnismuseum Weimar-Haus die Stadtgeschichte. Moderne Unterhaltungstechniken entführen auf eine bildhafte Zeitreise von der Früh-

Vor dem Cranachhaus

Goethe-Schiller-Denkmal

zeit über das Mittelalter und die Weimarer Klassik bis hin zu Napoleons Einmarsch in die Stadt (Schillerstr. 16, Tel. 0 36 43/90 18 90, www.weimarhaus.de, April–Sept. tgl. 10–19, sonst 10–18 Uhr).

***Wittumspalais 6

Am Theaterplatz liegt der Witwensitz der Herzogin Anna Amalia von Sachsen-Weimar. Den 1767 für einen ihrer Minister errichteten Bau erwarb sie 1774. Hier traf sich alles, was in Weimar Rang und Namen hatte. Heute erhält man einen interessanten Einblick in die Wohn- und Repräsentationsräume des ausgehenden 18. Jhs. (Tel. 0 36 43/54 53 77, April–Okt. Di–So 10–18, Nov. bis März nur bis 16 Uhr).

Deutsches Nationaltheater 7

Obwohl es nicht mehr das Haus ist, in dem Goethe als Intendant wirkte und Liszt Wagners »Lohengrin« zur Uraufführung brachte, ist es eines der berühmtesten Gebäude Weimars. Der heutige Bau wurde 1908 eingeweiht. Hier tagte 1919 die deutsche Nationalversammlung, die der Weimarer Republik ihren Namen gab. Nach der Zerstörung im Zweiten Weltkrieg wurde das Theater 1948 mit Goethes »Faust« wieder eröffnet. Heute werden moderne Theaterstücke und Konzerte der Staatskapelle Weimar aufgeführt. Auf dem Theaterplatz steht das **Goethe-Schiller-Denkmal**, das die Dichter Seite an Seite zeigt (Theaterplatz 2, Tel. 0 36 43/75 53 34, www.nationatheater-weimar.de).

**Bauhaus-Museum 8

Das Gebäude war einst das Kulissenhaus des Deutschen Nationaltheaters. Aus dem Staatlichen Bauhaus, 1919 aus der Kunstgewerbeschule Henry van de Veldes hervorgegangen, wurde eine Designhochschule mit internationalem Renommee. Anlässlich des 90. Jubiläums wird 2009 zum Bauhausjahr (www.bauhaus2009.de). Das Museum zeigt eine Ausstellung zu den Anfängen der Gestaltungsschule. Weitere Ausstellungen sind in der ganzen Stadt geplant. Bis 2017 soll ein neues Bauhaus-Museum entstehen. (Tel. 0 36 43/54 54 01, www.das-bauhaus-kommt.de, tgl. 10–18 Uhr).

Nördliche Altstadt

Bertuchhaus 9

Das klassizistische Wohn- und Geschäftshaus, 1780 erbaut und 1803 erweitert, ist nach dem Verleger und Fabrikanten Friedrich Justin Bertuch benannt. Der Zeitgenosse von Goethe war Herausgeber einer der ersten modernen europäischen Zeitschriften. Heute ist hier das Stadtmuseum untergebracht mit einer Ausstellung zur Stadtgeschichte, u. a. mit Originalfotos der Tagung der Nationalversammlung 1919 (Karl-Liebknecht-Str. 5–9, Tel. 0 36 43/8 26 00, Di–So 10–17 Uhr).

Jakobskirche 10

Der einschiffige Barockbau wurde 1712–1717 errichtet. In der Sakristei heiratete Goethe am 19. Oktober 1806 Christiane Vulpius. Auf dem Jakobsfriedhof sind Christiane von Goethe und Lucas Cranach d. Ä. beigesetzt; Friedrich Schiller wurde im Kassengewölbe beerdigt (tgl. 10–16 Uhr).

Kirms-Krackow-Haus 11

In dem zu Beginn des 16. Jhs. erbauten, im 18. Jh. erweiterten Kirms-Krackow-Haus ist ein Wohnensemble aus der Goethezeit mit originalem Mobiliar und persönlichen Erinnerungsstücken der Bewohner zu erleben – ein Zeugnis bürgerlicher Wohnkultur in klassischer und nachklassischer Zeit. Der Garten mit seinen Lauben, Obstspalieren und Blumenrabatten ist ein typisches Beispiel klassizistischer Gartenkultur (Jakobstr. 10, Tel. 0 36 43/54 53 83, April–Okt. Di–So 10–18 Uhr).

***Stadtkirche St. Peter und Paul 12

Die Kirche war ursprünglich eine dreischiffige spätgotische Hallenkirche und wurde 1735–1745 barockisiert. Sie wird auch Herderkirche genannt, der 1776 auf Vermittlung Goethes nach Weimar kam und unter der Orgelempore beigesetzt ist. Innen steht ein Flügelaltar von Lucas Cranach d. J. (1555). Hinter der Kirche hatte Herder seine Amtswohnung, die eine Gedenktafel kennzeichnet (Mo–Sa 10–16, So 11–15 Uhr).

Goethe- und Schiller-Archiv 13

Die Gebäude für das älteste Literaturarchiv Deutschlands wurden 1893–1896 errichtet. Über 100 Nachlässe sowie Einzelmanuskripte und Briefe von etwa 1900 Persönlichkeiten werden hier aufbewahrt, darunter Kostbarkeiten wie Hebbels Tagebücher und die Reinschrift des zweiten Teils von Goethes »Faust« (Tel. 0 36 43/54 52 66, Hans-Wahl-Str. 4, Mo bis Do 8.30–18, Fr. bis 16 Uhr).

Rund um den ***Park an der Ilm

Der 60 ha große Park an der Ilm ist eine der Hauptattraktionen Weimars. Die Auen an der Ilm

Echt gut!

Die wichtigsten Wirkungsstätten Goethes

- **Weimar mit Goethe-Nationalmuseum, Goethes Gartenhaus im Park an der Ilm, Goethe-Schiller-Denkmal und Fürstengruft:** Ein Muss ist der Besuch von Goethes bedeutendsten Wirkungsstätten, allen voran sein Wohnhaus am Frauenplan › S. 59.
- **Dornburger Schlösser mit Goethe-Gedenkstätte:** Ab 1776 logierte Goethe regelmäßig in Dornburg, betrieb Studien und verfasste die »Dornburger Gedichte« › S. 122.
- **Jena mit Gedenkstätte und Goethe-Ginkgo:** Das ehemalige Inspektorhaus im Botanischen Garten diente Goethe als Wohn- und Arbeitsstätte. Ein alter Gingko-Baum erinnert an diese Zeit › S. 124.
- **Ilmenau mit Gedenkstätte im Amtshaus, Goethe-Denkmal, Museum im Jagdhaus Gabelbach und Goethehäuschen auf dem Kickelhahn:** Hier scheiterte Goethe bei der Wiederbelebung des Bergbaus, die Natur inspirierte ihn dafür zum berühmten »Wanderers Nachtlied« › S. 102.
- **Gundelachsches Haus in Stützerbach mit Wohn- und Arbeitszimmer:** Mehrfach weilte der Dichter und Forscher im Haus eines Glashüttenbesitzers, heute dokumentiert ein Museum sein Wirken › S. 102.
- **Goethe-Gedenkstätte auf Schloss Kochberg in Großkochberg:** Im einstigen Sitz der Familie von Stein erinnern mehrere Räume an Goethes Freundschaft mit Charlotte von Stein › S. 119.

wurden schon ab 1778 in einen idyllischen Landschaftspark umgestaltet, der zu ausgedehnten Spaziergängen einlädt.

***Stadtschloss 14

Nach Bränden 1618 und 1774 veranlasste Herzog Carl August den zweiten Neubau, der 1803 vollendet war. Die Dreiflügelanlage wurde 1914 durch einen neobarocken Südtrakt geschlossen. Die klassizistischen Prunkräume mit Festsaal und großem Treppenhaus zählen zu den bedeutendsten Europas. Das Schlossmuseum besitzt eine Sammlung hochkarätiger europäischer Kunst von der Reformationszeit bis zum Beginn des 20. Jhs. Höhepunkte sind die Mittelalterabteilung, eine Sammlung russischer Ikonen des 15.–17. Jhs. und die Lucas-Cranach-Galerie (Tel. 0 36 43/54 60, www.kunstsammlungen-weimar.de, April bis Okt. Di–So 10–18, Nov.–März 10–16 Uhr).

***Herzogin-Anna-Amalia-Bibliothek 15

Die Einrichtung des Grünen Schlosses samt Bibliothek wurde durch Herzog Johann Wilhelm begründet und durch Anna Amalia der Öffentlichkeit zugänglich gemacht. Ab 1797 hatte Goethe die Oberaufsicht über das Schloss. Die Herzogin-Anna-Amalia-Bibliothek umfasst etwa 850 000 Bände, ihr Schwerpunkt liegt auf der deutschen Klassik. Das Gebäude wurde im 16. Jh. im Renaissancestil errichtet und 1761–1766 im Stil des Rokoko umgestaltet.

Karte Seite 57

Ein Brand zerstörte September 2004 den Bibliothekssaal (Rokokosaal). Die Bibliothek wurde danach aufwendig restauriert und Ende 2007 wieder eröffnet. Der Rokokosaal ist zu besichtigen (Besucherzahl limitiert, Di–So 10–15 Uhr, Gruppen nur nach Anmeldung per Mail info@klassik-stiftung.de oder Fax 0 36 43/41 98 16, www.anna-amalia-bibliothek.de).

Haus der Frau von Stein 16

Das Gebäude war einst ein Vorwerk, später diente es den Weimarer Husaren als Stallung. 1777 wurde es auf Goethes Vorschlag in ein Wohnhaus für den Oberstallmeister Josias Freiherr von Stein umgebaut, mit dessen Frau Charlotte der Dichter befreundet war. Frau von Stein lebte bis zu ihrem Tod 1827 darin. Heute hat hier das Goethe-Institut seinen Sitz (Ackerwand 25–27, Tel. 0 36 43/8 67 20, www.goethe.de).

***Goethes Gartenhaus 17

Am rechten Ilmufer steht das Gartenhaus, das Goethe kurz nach seiner Ankunft bezog. Hier schrieb er die »Iphigenie«. Das Mobiliar ist größtenteils original erhalten (Tel. 0 36 43/54 53 75, April–Okt. tgl. 10–18, Nov.–März 10–16 Uhr).

***Haus am Horn 18

Das Musterhaus für die Bauhaus-Architektur wurde anlässlich der ersten großen Bauhaus-Ausstellung 1923 errichtet. Es ist heute in

Goethes Gartenhaus

seiner ursprünglichen Fassung zu besichtigen (April–Sept. Mi, Sa, So 11–17 Uhr). Rund um das Museum entstand im Rahmen des Projekts Neues Bauen am Horn ein Stadtquartier als Hommage an das Bauhaus (www.uni-weimar.de/horn).

Parkhöhle 19

Ende des 18. Jhs. ließ Herzog Carl August im Ilmpark ein Stollensystem zur Bierlagerung graben. Die 12 m tiefe Anlage, heute Parkhöhle genannt, ist seit 1997 Museum; dokumentiert wird neben Geologie und Bergbau auch die Weimarer Stadtgeschichte (Tel. 0 36 43/51 19 19, April–Okt. Di–So 10–12, 13–18, Nov.–März Di–So 10–12, 13–16 Uhr).

Liszt-Museum 20

In einem Gebäude der ehem. Hofgärtnerei, das Friedrich Liszt von 1869 bis 1886 in den Sommermonaten bewohnte, widmet sich heute das Liszt-Museum dem Leben und Werk des Komponisten (Marienstr. 17, Tel. 0 36 43/54 53 88, April–Okt. Mi–Mo 10–18 Uhr).

Südlich der Altstadt

Bauhaus-Universität 21

Über die Belvederer Allee gelangt man schnell zur Bauhaus-Universität in der Geschwister-Scholl-Straße mit den Gebäuden der ***ehemaligen Kunstschule und der ***ehemaligen Kunstgewerbeschule. Hier nahm das Bauhaus 1919 seinen Anfang (www.uni-weimar.de).

Historischer Friedhof 22

Hier sind in der ***Fürstengruft hinter der russisch-orthodoxen Kapelle Goethe und Schiller beigesetzt. Nach einer DNA-Untersuchung wurde festgestellt, dass nicht Schillers Gebeine im Sarg lagen, daher ist sein Sarg jetzt leer. Auf dem Friedhofsgelände liegen ferner die Gräber der Familie von Goethe, Charlotte von Stein und Goethes Sekretär J. P. Eckermann (Tel. 0 36 43/54 53 80, April–Okt. tgl. 10–18, sonst 10–16 Uhr).

Nietzsche-Archiv 23

In der Villa Silberblick verbrachte der Philosoph die letzten drei Jahre seines Lebens bis zu seinem Tod am 25. August 1900. Das Gebäude, das Henry van de Velde 1902/03 umgestaltete, zählt mit der fast komplett erhaltenen Innenausstattung zu den eindrucksvollsten Beispielen des Jugendstils in Deutschland. Zu besichtigen sind die Bibliothek mit der berühmten Büste von Max Klinger sowie das Arbeitszimmer des Philosophen (Humboldtstr. 36, Tel. 0 36 43/54 51 59, April–Okt. Di bis So 13–18 Uhr).

Schloss Belvedere vor den Toren der Stadt Weimar

Am Stadtrand

***Schloss Belvedere 24

Über die Belvederer Allee kommt man zum barocken Jagd- und Lustschloss der Weimarer Herzöge (1724–1739). Zwischen 1756 und 1775 diente es Herzogin Anna Amalia als Sommersitz. Die Sammlung zeigt Porzellan, Fayencen, Gläser und Möbel. Umgeben wird das Schloss von einem 42 ha großen Park. Die ursprünglich barocken Gartenanlagen wurden im 19. Jh. zu einem Landschaftspark umgestaltet. Heute kann man hier die Orangerie, den Russischen Garten und das Heckentheater besichtigen (Tel. 0 36 43/54 69 62, Schloss: April–Okt. Di–So 10–18, Orangerie: Dez.–April Mi–So 11–17 Uhr, der Park ist ganzjährig frei zugänglich).

***Schloss und Park Tiefurt 25

4 km östlich von Weimar steht an der Ilm das Schloss, das 1781 der Sommersitz von Herzogin Anna Amalia wurde. Das Interieur spiegelt den Geschmack der Zeit um 1800 wider. Im englischen Landschaftspark kann man zahlreiche Denkmäler und Gedenksteine sowie den Teesalon besichtigen (Hauptstr. 14, Tel. 0 36 43/85 06 66, April–Okt. Mi–Mo 10–18 Uhr, der Park ist ganzjährig geöffnet).

Konzentrationslager Buchenwald

Der 478 m hohe Ettersberg erhebt sich 8 km nordwestlich von Weimar. Hier erstreckte sich das Gelände des Konzentrationslagers Buchenwald. Von 1937 bis 1945 wurden dort 50 000 Menschen ermordet. Nach dem Krieg übernahm die Sowjetunion die Kontrolle über das Lager. Von 1945 bis 1950 waren in dem »Speziallager 2« 28 000 Menschen ohne ordentliche Gerichtsverfahren inhaftiert. Man geht davon aus, dass 7000 von ihnen den unmenschlichen Haftbedingungen erlagen. Das Gelände ist nahezu unverändert erhalten, nur die Häftlingsbaracken stehen nicht mehr. Die Gedenkstätte Buchenwald in der ehemaligen Effektenkammer zeigt eine Dokumentation zur Geschichte des Lagers und eine Kunstausstellung mit Arbeiten von Häftlingen (Tel. 0 36 43/43 00, www.buchenwald.de, April–Okt. tgl. 10–18, sonst 10–16 Uhr).

Info

Tourist Information Weimar
Markt 10][99423 Weimar
Tel. 0 36 43/74 50][www.weimar.de

Hotels

■ **Hotel Elephant**
Markt 19][Tel. 0 36 43/80 20
www.arabellastarwood.com
Traditionsreiche Nobelherberge in zentraler Lage; 99 individuell ausgestattete Zimmer mit Bauhaus-Details, zwei Restaurants. ●●●

■ **Grand Hotel Russischer Hof**
Goetheplatz 2][Tel. 0 36 43/77 40
www.russischerhof.com
Elegantes 5-Sterne-Hotel nahe der Altstadt; Fitnessbereich, Gourmetrestaurant und Café mit hauseigener Konditorei. ●●●

Dorint am Goethepark
Beethovenplatz 1–2][Tel. 0 36 43/87 20
http://hotel-weimar.dorint.com
Vier-Sterne-Haus in zentraler Lage mit hellen, gemütlichen Zimmern, Wellnessbereich, Restaurant und Bierstube. ●●●

Hotel Am Frauenplan
Brauhausgasse 10][Tel. 0 36 43/4 94 40
www.hotel-am-frauenplan.de
Haus der gehobenen Mittelklasse mit modern eingerichteten Zimmern, direkt gegenüber dem Goethehaus. ●●

Jugendgästehaus Maxim Gorki
Zum Wilden Graben 12
Tel. 0 36 43/85 07 50
www.weimar-gorki.jugendherberge.de
Ruhige Lage am Stadtrand, 60 Betten, auch Familienzimmer. ●

Camping

Ilmtal Oettern
99438 Oettern][Tel. 03 64 53/8 02 64
www.camping-oettern.de
Kleiner Platz 10 km südlich von Weimar im Landschaftschutzgebiet Mittleres Ilmtal (geöffnet Mitte April–Okt.).

Restaurants

Anna Amalia
Markt 19][Tel. 0 36 43/80 20
Das ausgezeichnete Restaurant im Hotel Elephant trägt einen Michelin-Stern und zählt zu den besten Häusern Thüringens. So, Mo geschl. ●●●

Gasthaus zum weißen Schwan
Frauentorstr. 23][Tel. 0 36 43/20 25 21
www.weisserschwan.de
Regionale bis feine Küche in einem der ältesten Gasthäuser Europas. ●●●

Residenz-Café
Grüner Markt 4][Tel. 0 36 43/5 94 08
Große Speisenauswahl von Frühstück über Pasta bis Fisch im Ambiente eines traditionsreichen Kaffeehauses. ●●

Köstritzer Schwarzbierhaus
Scherfgasse 4][Tel. 0 36 43/77 93 37
Thüringer Spezialitäten in einem Fachwerkhaus aus dem 16. Jh. ●●

Suppenbar Estragon
Herderplatz 3
Jeden Tag wechselnde Suppen, vegetarische Angebote. Mo–Sa 10–19, So. 10–16 Uhr. ●

Nightlife

Kasseturm
Goetheplatz 10][Tel. 0 36 43/85 16 70
www.kasseturm.de
Weimarer Studentenklub mit Livemusik, Disko, Kabarett und Kleinkunst in einem Gewölbekeller am Goetheplatz.

Studentenclub Schützengasse
Schützengasse 2][Tel. 0 36 43/90 43 23
www.schuetzengasse.de
Beliebter Treffpunkt mit Filmabenden, Diskothek und Tanzkursen.

Deutsches Nationaltheater
Theaterplatz 2][Tel. 0 36 43/75 53 34
www.nationaltheater-weimar.de
Bedeutendstes Theater Weimars mit sechs Bühnen in der Stadt › S. 60.

Shopping

Weimarer Porzellanmanufaktur
Christian-Speck-Straße 5
99444 Blankenhain
Tel. 03 64 59/6 01 94
www.weimar-porzellan.de
Das Weimarer Porzellan wird nahe Blankenhain gefertigt. Werksverkauf.

GinkgoLand Shop
Windischenstr. 1][Tel. 0 36 43/80 54 52
www.planet-weimar.de
Originellen Schmuck in Form von Ginkgoblättern gibt es im Ginkgomuseum am Marktplatz.

Thüringer Staatskanzler in Erfurt

Im Herzen Thüringens

Nicht verpassen!

- Bei der Glockenführung im Erfurter Dom der »Gloriosa« lauschen
- Eine gemütliche Reise mit der Thüringer Waldbahn machen
- In den Kasematten von Gothas Schloss Friedenstein in den Untergrund abtauchen
- Nach dem Besuch des Deutschen Bratwurstmuseums in eine Bratwurst beißen

Zur Orientierung

Erfurt, Gotha und Arnstadt liegen im Zentrum von Thüringen und gehören neben Weimar und Eisenach zu den kulturell bedeutendsten Städten des Landes. In Erfurt, das einen der besterhaltenen mittelalterlichen Stadtkerne Deutschlands besitzt, studierte einst Martin Luther und hier wurde er auch zum Priester geweiht. Besonders sehenswert ist der Dom mit seinen Glasmalereien im Chor.

Karte Seite 68

Das Wahrzeichen Gothas ist Schloss Friedenstein, die größte frühbarocke Schlossanlage in Deutschland mit über 300 Räumen und einer bedeutenden Kunstsammlung. Alljährlich im Sommer findet hier im ältesten Barocktheater Deutschlands das Ekhof-Festival für unbekanntere Stücke des 18. Jhs. statt.

In Arnstadt erhielt einst der erst 18-Jährige Johann Sebastian Bach eine Anstellung als Organist, woran die Bach-Gedenkstätte erinnert. Ein weiteres Highlight ist die Puppensammlung »Mon Plaisir« im Schlossmuseum, die in 82 Szenen ein detailliertes Abbild einer kleinen deutschen Residenzstadt des 18. Jhs. gibt.

9

Rundreise durch das Städtedreieck in Thüringens Mitte
Erfurt › Gotha › Arnstadt

10

Durch das Ilmtal
Arnstadt › Klosterruine Paulinzella › Stadtilm › Hohenfelden › Bad Berka

11

Von der Wartburg in den Thüringer Wald Eisenach › Friedrichroda › Schmalkalden › Oberhof › Zella-Mehlis › Suhl › Ilmenau

12

Wanderung auf dem Rennsteig Hörschel › Hohe Sonne › Grenzwiese › Grenzadler › Allzunah › Friedrichshöhe › Spechtsbrunn › Brennersgrün › Blankenstein

13

Burgen und Schlösser im Werratal
Creuzburg › Bad Salzungen › Wasungen › Meiningen › Kloster Veßra › Römhild › Schleusingen › Sonneberg

14

Wasserwandern auf der Werra Meiningen › Bad Salzungen › Vacha › Hörschel › Creuzburg

Touren in der Region

Rundreise durch das Städtedreieck in Thüringens Mitte

9 Erfurt › Gotha › Arnstadt

Dauer: 3 Tage, 56 km
Praktische Hinweise: Diese Pkw-Tour kann man auch gut per Bahn unternehmen, dann sollten Sie jedoch Erfurt in die Mitte nehmen.

Beginnen Sie in ****Erfurt** › S. 71 am besten mit einem Bummel über den Fischmarkt, den prächtige Gebäude umrahmen. Spazieren Sie weiter zum ****Dom** mit seiner gewaltigen Treppenanlage und versäumen Sie nicht die Führung zur mächtigen Glocke Gloriosa. Im **Augustinerkloster** können Sie in die Zelle Martin Luthers blicken. Schöne Fotomotive mit Blick auf Erfurt finden Sie zum Sonnenuntergang auf der ehemaligen Festung **Petersberg**. Am nächsten Tag geht es weiter in die ehemalige Residenzstadt ***Gotha** › S. 78. Die Sehenswürdigkeiten, darunter das Schloss Friedenstein mit dem Schlossmuseum sowie das Rathaus, lassen sich gut bei einem ausgedehnten Spaziergang erkunden. Am dritten Tag wartet eine der schönsten thüringischen Kleinstädte auf Sie: ****Arnstadt** › S. 82. Schlendern Sie durch den Schlossgarten und schauen Sie sich im Gärtnerhaus die Stadt einmal aus der Vogelperspektive an – nämlich im Maßstab 1 : 200. Das Modell zeigt Arnstadt im Jahre 1740, eingegrenzt durch den mittelalterlichen Mauerring.

Durch das Ilmtal

10 Arnstadt › Klosterruine Paulinzella › Stadtilm › Hohenfelden › Bad Berka

Dauer: 2–3 Tage, 65 km
Praktische Hinweise: Diese Tour fährt man am bequemsten mit dem Auto. Sie lässt sich aber auch gut per Rad unternehmen, verläuft sie doch z. T. an der Strecke des **Ilmtal-Radwanderwegs** (www.ilmtal-radwanderweg.de).

Rund 22 km südlich von ****Arnstadt** › S. 82 gelangt man zur stimmungsvollen Ruine des Benediktinerklosters ****Paulinzella** › S. 84. Der Himmel bildet heute das Dach des 900 Jahre alten Kirchenschiffs – aber vielleicht macht gerade das den Zauber dieses bedeutendsten Bauwerks der Romanik in Thüringen aus. Ein Kontrastprogramm aus dem Rokoko bietet dann die Stadtkirche St. Marie im 11 km entfernten **Stadtilm** › S. 84. Am Oberlauf der Ilm entlang geht es über Kranichfeld weiter nach **Hohenfelden** › S. 84, wo ein großes Freilichtmuseum zeigt, wie die Thüringer Bauern in früheren Jahrhunderten gelebt haben. Noch einmal über Kranichfeld kommt man schließlich in den Luftkurort **Bad Berka** › S. 83. Vom Paulinenturm hat

Karte Seite 73

man einen sehr guten Blick über das Ilmtal. Von Bad Berka lohnt sich ein Abstecher ins rund 4 km entfernte **Buchfart**, denn dort steht an einer überdachten Brücke eine Wassermühle (1816–1818) mit historischem Mahlwerk. In Bad Berka stoßen Sie übrigens auf die Bier- und Burgenstraße, die vom Thüringer Wald bis in den Bayerischen Wald führt (www.bierundburgenstrasse.de).

Unterwegs in der Region

5 **Erfurt 1

Die Hauptstadt von Thüringen (199 000 Einw.) hieß wegen ihrer 43 Kirchen und 36 Klöster im Mittelalter das deutsche Rom und die Turmreiche. Man kann die zwischen Anger und Domplatz gelegene Altstadt wegen ihrer historischen Bauten und der weitgehend erhaltenen mittelalterlichen Struktur fast als architektonisches Freilichtmuseum bezeichnen. Im Mittelalter war es der Färberwaid, dem Erfurt seine wirtschaftliche Bedeutung verdankte. Mitte des 17. Jhs. wurde er durch das billigere Indigo aus Indien abgelöst. Hundert Jahre später besann man sich auf die fruchtbaren Böden der Gegend: So sind Gartenbau und Samenzucht bis heute sehr wichtige Wirtschaftsfaktoren der Stadt.

Am Anger

Der Anger ist der geschäftigste Platz der Stadt. Er wird von repräsentativen Geschäftsbauten des 19. und 20. Jhs. sowie von prächtigen Bürgerhäusern des 16. und 18. Jhs. gesäumt. Sie entstanden, als Erfurt noch unter Einfluss des Erzbistum Mainz stand.

**Angermuseum A

Im wohl schönsten Profangebäude Erfurts ist das Angermuseum zu Hause. Der prächtige Barockbau (1706–1712) liegt an der Stelle des kurmainzischen Packhofes, des mittelalterlichen Warenumschlagplatzes. Das Museum zeigt Kunsthandwerk, mittelalterliche Kirchenkunst sowie expressionistische Fresken von Erich Heckel (Anger 18, Tel. 03 61/5 54 56 11, www.angermuseum.de, bis 2009 wegen Sanierung geschl.).

Die Gera durchquert Erfurt

Karte Seite 73

Bartholomäusturm Ⓑ

Der Turm ist der Überrest einer Kirche aus dem 12. Jh. Er verfügt über ein fünfoktaviges Glockenspiel mit 60 Glocken aus der Apoldaer Glockengießerei, das täglich um 10, 12 und 18 Uhr erklingt (Tel. 03 61/6 55 56 52, www.stadtmuseum-erfurt.de, Besichtigung auf Anfrage). Gegenüber steht das Barockhaus »Zum großen Schwantreiber und Paradies«.

*Dacherödensches Haus Ⓒ

Der Renaissancebau am Anger 37/38 besteht aus zwei Häusern: »Zum Güldenen Hecht« und »Zum Großen und neuen Schiff«. Er besitzt ein eindrucksvolles Portal von 1557 und einen malerischen Innenhof, in dem auch Goethe und Schiller verkehrten.

*Kurmainzische Statthalterei Ⓓ

Die monumentale Statthalterei ist ein 1711–1720 errichtetes barockes Palais, in dem bis 1802 über Erfurts Geschicke entschieden wurde. Heute ist das Gebäude Sitz der Thüringer Staatskanzlei (www.thueringen.de/de/tsk).

Barfüßerkirche Ⓔ

Das Langhaus der einstigen Barfüßerkirche brannte 1944 aus und ist nur als Ruine erhalten. Schön sind die Fenster mit Glasmalereien von 1230–1240. Im gotischen Chor befindet sich eine Dependance des Angermuseums (Barfüßerstr. 20, Tel. 03 61/5 54 56 15, www.barfüsserkirche.de, April bis Okt. Di–So 10–13, 14–18 Uhr).

Predigerkirche Ⓕ

Die gotische Pfeilerbasilika wurde 1278–1380 erbaut und gehörte zu einem Dominikanerkloster. Zur Ausstattung zählt einer der seltenen **Lettner** (1410) in Deutschland. Im Sommer finden regelmäßig Orgelkonzerte statt (Predigerstr. 4, www.predigerkirche.de).

**Domplatz

Der Domplatz ist mit 4 ha einer der größten Plätze Deutschlands; seine Randbebauung ist gut erhalten bzw. restauriert. Der **Obelisk** wurde 1777 zu Ehren des Mainzer Kurfürsten und Erzbischofs Karl Joseph von Erthal errichtet, die **Minerva-Statue** auf dem Brunnen in der Südecke des Platzes stammt aus dem 18. Jh. Ihr zu Füßen findet mittwochs und samstags der Markt statt.

**Dom Ⓖ

Eine Freitreppe führt zum mächtigen Bauensemble von Dom und Severikirche, Erfurts Wahrzeichen. Der Dom besteht aus einem dreischiffigen spätgotischen Langhaus mit breiten Seitenschiffen und einem 26 m hohen **hochgotischen Chor** (1349–1372). Im mittleren der drei Türme hängt die 11 450 kg schwere **Gloriosa** (1497), eine der größten frei schwingenden Glocken der Welt. Besonders das **Chorgestühl** (14. Jh.) ist von erlesener Schönheit. Die fünfzehn **Glasfenster** des Chores sind ein kostbares Zeugnis mittelalterlicher Glasmalerei (Tel. 03 61/6 46 12 65, www.dom-erfurt.de, Mai–Okt. Mo–Sa

Karte Seite 73

9–18, So 13–18 Uhr, Nov–April bis 16 Uhr, Glockenführungen zur Gloriosa Do stündlich 9–13, Fr und So 13–16, Sa 11–16 Uhr, außer 1. Sa u. So im Monat). Ein Erlebnis sind alljährlich im Sommer die **Domstufenfestspiele** Echt gut! (www.domstufen.de).

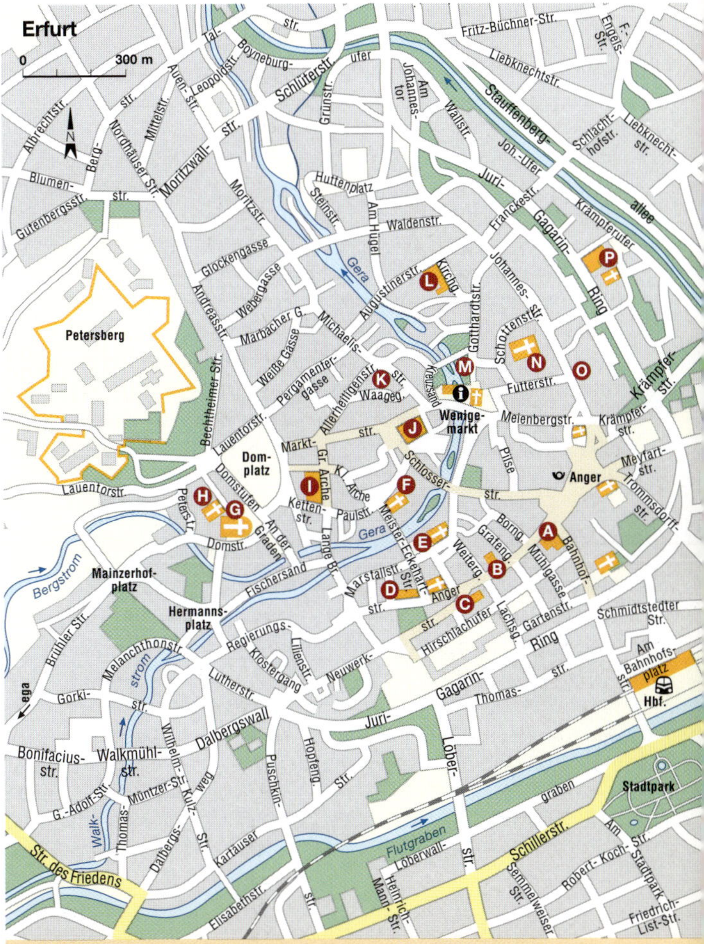

A Angermuseum
B Bartholomäusturm
C Dacherödensches Haus
D Kurmainzische Statthalterei
E Barfüßerkirche
F Predigerkirche
G Dom
H St.-Severi-Kirche
I Naturkundemuseum
J Fischmarkt
K Michaeliskirche
L Augustinerkirche und -kloster
M Krämerbrücke
N Kaisersaal
O Stadtmuseum
P Museum für Volkskunde

**St.-Severi-Kirche H

Drei spitz zulaufende Türme krönen die fünfschiffige gotische Hallenkirche (1278–1400). Achten Sie im Innern auf den Sarkophag des heiligen Severus, den 15 m hohen gotischen Taufstein aus Sandstein (1467) und den barocken Hochaltar (Tel. 03 61/ 57 69 60, Mai–Okt. Mo–Sa 9–18, So 13–18, Nov.–April bis 16 Uhr).

Naturkundemuseum I

Nahe dem Domplatz beherbergt ein Waidspeicher von 1522 das Naturkundemuseum. Auf vier Stockwerken vermittelt es Einblicke in Thüringens Landschaften. Echt gut! **Eine 350 Jahre alte und 14 m hohe Stieleiche verbindet als Baumplastik alle Etagen** (Große Arche 14, Tel. 03 61/6 55 56 80, www.naturkundemuseum-erfurt.de, Di–So 10–18 Uhr).

*Fischmarkt J

Einer der reizvollsten Plätze Erfurts ist der Fischmarkt. Hier stehen die Renaissancehäuser »Zum Breiten Herd« (1584) und »Zum Roten Ochsen« (1562). Letzteres beherbergt die **Galerie am Fischmarkt,** eine renommierte Kunsthalle (Tel. 03 61/6 55 56 60, www.kunsthalle-erfurt.de, Di–So 11 bis 18, Do 11–22 Uhr).

Michaeliskirche K

Links am neugotischen Rathaus vorbei biegt man in die Michaelisstraße mit alten Bürgerhäusern ein und erreicht die Michaeliskirche. Das zweischiffige gotische Bauwerk diente ab dem späten 14. Jh. als Universitätskirche. Gegenüber steht das rekonstruierte Gebäude der Alten Universität.

Jenseits der Gera

**Augustinerkirche und -kloster L

Die Augustinerstraße entlang, am Nikolaiturm (ca. 1360) vorbei, kommt man zu Augustinerkirche und -kloster. Die dreischiffige, im Inneren äußerst schlichte Basilika wurde 1334 fertig gestellt und gehörte ursprünglich zu einem Augustiner-Eremitenkloster. Sehenswert sind die Fenster in der Ostwand aus dem frühen 14. Jh. Dargestellt ist die Legende des heiligen Augustinus. Im Süden der Kirche liegen die Klostergebäude mit dem Kreuzgang. Hier kann man auch die **Lutherzelle,** in der Martin Luther von 1505 bis 1511 als Mönch lebte, besichtigen. Er wurde 1507 in der Kirche zum Priester geweiht (Tel. 03 61/57 66 00, www.augustinerkloster.de, April bis Okt. Mo–Sa 10–12, 14–17, Nov.–März Mo–Sa 10–12, 14–16 Uhr; Führungen nach Voranmeldung So 11, 14, 15 Uhr).

**Krämerbrücke M

Sie ist die längste komplett mit Häusern bebaute Brückenstraße Europas (12. Jh.). 1293 brannte die Holzkonstruktion ab, 1325 wurde die Brücke aus Stein wiederaufgebaut. Die heutige Überbauung datiert aus dem 17.–19. Jh. Über dem Torbogen der beiden Brückenzugänge waren zwei Kirchen eingebaut. Nur noch die östliche am Wenigemarkt, die **Ägidi-**

Karte Seite 73

Erfurter Türme, Wahrzeichen der Stadt: Dom und St.-Severi-Kirche

enkirche aus dem 14. Jh., ist erhalten.

Veranstaltung

Das **Krämerbrückenfest** im Juni ist Thüringens größtes Altstadtfest. Bei Musik und Straßentheater kann man auf der 120 m langen Brücke Handwerker und Händler, Gaukler und Minnesänger in Aktion erleben.

Kaisersaal Ⓝ

Im Kaisersaal des alten Universitätsballhauses wurde 1791 Schillers »Don Carlos« uraufgeführt und 1891 fand hier der Parteitag der SPD statt. Heute bietet er als Kultur- und Kongresszentrum Gastronomie und Raum für Veranstaltungen aller Art (Futterstr. 15/16, www.kaisersaalerfurt.de).

Stadtmuseum Ⓞ

Mehr über die Geschichte Erfurts erfährt man im Stadtmuseum im Haus »Zum Stockfisch« von 1607 mit schönem Renaissanceportal. Ein großes Modell der Stadt eröffnet den Rundgang durch 1260 Jahre Stadthistorie (Johannesstr. 169, Tel. 03 61/6 55 56 51, www.stadtmuseum-erfurt.de, Di–So 10–18 Uhr).

Museum für Volkskunde Ⓟ

Wer tiefer in die Thüringer Geschichte eindringen möchte, besuche das Museum für Volkskunde im einstigen Martinshospital (1547). Zu sehen ist u.a. die Werkstatt des letzten Thüringer Maskenmachers (Juri-Gagarin-Ring 140 a, Tel. 03 61/6 55 56 07, www.volkskundemuseum-erfurt.de, Di–So 10–18 Uhr).

Egapark

Mit prächtiger Gartenarchitektur erfreut das 90 ha große Gelände der einstigen Zitadelle Cyriaksburg (1480) im Süden der Stadt. Seit 1961 ist hier die Gartenbau-

Erfurts Egapark

ausstellung (Ega) angesiedelt: Es gibt **Tast- und Riechgärten**, Blumenausstellungen und Tropenhäuser, ein Spiel- und Freizeitzentrum, eine Sternwarte und ein Gartenbaumuseum (Gothaer Str. 38, Tel. 03 61/5 64 37 37, www.egapark.de, Mai–Mitte Sept. tgl. 9–20, März, April, Mitte Sept bis Okt. 9–18, Nov.–Febr. 9–16 Uhr, Straßenbahn Linie 2 bis ega, Linie 4 bis Gothaer Platz).

Infos

Tourist Information Erfurt
Benediktsplatz 1][99084 Erfurt
Tel. 03 61/6 64 00
www.erfurt-tourismus.de
Mehr von seinem Besuch hat, wer sich vorab mit dem **Erfurt-Magazin** informiert (Tel. 03 61/6 64 02 20, www.erfurt-magazin.info). Die **Erfurt-Card** lohnt sich für die Nutzung des öffentlichen Nahverkehrs und beim Besuch von Museen und Veranstaltungen.

Verkehr

Flughafen Erfurt-Bindersleben
Binderslebener Landstr. 100
5 km westlich vom Zentrum
Tel. 03 61/6 56 22 00
www.airport-erfurt.de

Hotels

■ **Mercure-Hotel**
Meienbergstr. 26/27
Tel. 03 61/5 94 90][www.mercure.de
Nobles Hotel in der Innenstadt mit Fitnesscenter und Solarium. ●●●

■ **Sorat-Hotel Erfurt**
Gotthardstr. 27][Tel. 03 61/6 74 00
www.sorat-hotels.com
Modernes Hotel in einem mittelalterlichen Gasthaus unweit der Krämerbrücke. ●●●

■ **Hotel Linder Hof**
Straße des Friedens 12
Erfurt-Linderbach][Tel. 03 61/4 41 80
www.linderhof-erfurt.de
Komfortables Vier-Sterne-Hotel mit Tagungszentrum, 4 km vom Zentrum. ●●

■ **Jugendherberge**
Hochheimer Str. 12
Tel. 03 61/5 62 67 05
www.erfurt-hochheimerstr.jugendherberge.de
Moderner Bau im Villenviertel, mit Stadtbahnanschluss (Nr. 5). ●

Restaurants

■ **Ratskeller**
Fischmarkt 5][Tel. 03 61/5 66 14 63
www.ratskeller-erfurt.de
Regionale Spezialitäten in historischen Gewölben. ●●

■ **Zum güldenen Rade**
Marktstr. 50][Tel. 03 61/5 61 35 06
www.zum-gueldenen-rade.de
Traditionsgaststätte mit köstlicher Thüringer Küche. ●●

■ **Lutherkeller**
Futterstr. 15/16][Tel. 03 61/5 68 82 05
www.lutherkeller.de
Im Gewölbekeller des Kaisersaals genießt man nach alten Rezepturen zubereitete Speisen. So-Mo geschl. ●●

■ **double b**
Marbacher Gasse 10
Tel. 03 61/2 11 51 22
www.doubleb-erfurt.de
Sympathische Kneipe mit Biergarten, die günstiges und gutes Essen bietet. ●

Theater

■ **Erfurt Ticket Service**
Benediktsplatz 1
Tel. 03 61/6 64 01 00
Karten für ca. 12 Erfurter Bühnen.

■ **Theater Erfurt**
Placidus-Muth-Str. 1
Tel. 03 61/2 23 31 55
www.theater-erfurt.de
Opern- und Theateraufführungen im modernen Neubau von 2003.

■ **Theater Waidspeicher**
Domplatz 18][Tel. 03 61/5 98 29 24
www.waidspeicher.de
Puppentheater mit Stücken für Kinder und für Erwachsene.

Kabarett »Die Arche«
Domplatz 18][Tel. 03 61/5 98 29 27
www.kabarett-diearche.de
In der oberen Etage des Theaters Waidspeicher.

■ **Ballhaus Kaisersaal**
Futterstr. 15/16][Tel. 03 61/5 68 81 21
www.kaisersaalerfurt.de
Theater und Konzerte in historischen Räumen › S. 75.

■ **Schotte**
Schottenstr. 7][Tel. 03 61/6 43 17 22
www.theater-die-schotte.de
Kinder- und Jugendtheater mit theaterpädagogischem Zentrum.

■ **Dasdie live**
Lange Brücke 29][Tel. 03 61/55 11 66
www.dasdielive.de
Theater, Kleinkunst, anschließend Tanz.

Nightlife

■ **P 33**
Pergamentergasse 33a
Tel. 03 61/7 89 26 27
www.club-p33.com
Club mit Bar und schicker Lounge. Freitag und Samstag legen DJs auf (Mo geschl.).

■ **Spot**
Zum Nordstrand 4
Tel. 03 61/6 01 32 90
www.spot-erfurt.de
Eine der größten Diskos der Stadt. Besonders am Wochenende dröhnen hier die Lautsprecher.

■ **Engelsburg**
Allerheiligenstr. 20/21
Tel. 03 61/24 47 70][www.eburg.de
In dem Studentenklub stehen neben Livemusik und Disko auch Open-Air-Veranstaltungen auf dem Programm.

■ **uni-kum**
Nordhäuserstr. 63
Tel. 03 61/7 37 18 84
www.uni-kum.de
Studentenklub mit Livemusik und Diskothek.

Shopping

Der vornehmste Einkaufsboulevard ist der **Anger.** Viel Atmosphäre besitzen die Geschäfte auf der **Krämerbrücke.**

■ **Fayence und Porzellan Manufaktur Reindel**
Krämerbrücke 1][www.keram.de
Töpferei für Porzellan und Fayencen.

■ **Gabriele Leuschner**
Krämerbrücke 22][Tel. 03 61/5 62 35 03
Eigenwillige Holzarbeiten.

Ausflug zu Schloss und Park Molsdorf 2

Die Barock-Rokokoanlage des Wasserschlosses liegt rund 12 km südwestlich von Erfurt. Reichsgraf von Gotter ließ es 1736–1745 in ein Lustschloss von herausragender Schönheit und prickelndem Esprit umbauen. Der englische Landschaftsgarten lädt zum ausgedehnten Lustwandeln ein (Schlossplatz 6, 99192 Erfurt-Molsdorf, Tel. 03 62 02/9 05 05, Di–So 10–18 Uhr, Führungen jede volle Stunde).

*Gotha 3

Dass Gotha (45 800 Einw.) einst Residenzstadt war, ist kaum zu übersehen. Schon von der Autobahn kann man das imposante Schloss Friedenstein erspähen, lange bevor die Stadt in Sicht ist. Das Barockgebäude war das erste Schloss, das nach dem Dreißigjährigen Krieg fertig gestellt wurde (1654). Es ist zum Vorbild für viele Thüringer Schlösser geworden. Die Museen sind im Schlosskomplex mit dem Schlosspark vereint, und direkt unterhalb der Brunnenterrasse erstreckt sich übersichtlich die Altstadt.

*Schloss Friedenstein A

Was für ein Schloss! Es soll so viele Räume umfassen, wie das Jahr Tage hat. Eindrucksvoll in seiner Geschlossenheit ist der **Innenhof,** der nach Süden hin durch eine eingeschossige Galerie begrenzt ist. Der Thronsaal ist an Prunk kaum zu überbieten. In der **Schlosskirche** (1646) stehen die Prunksärge der gothaischen Herzöge. Versäumen Sie nicht den Besuch der außergewöhnlichen Museen und Attraktionen (Tel. 0 36 21/82 34 51, www.stiftungfriedenstein.de, Mai–Okt. Di–So 10–17, Nov.–April 10–16 Uhr).

*Schlossmuseum

Aus der bedeutenden Kunstsammlung ragt das Bild **Gothaer Liebespaar** heraus. Um 1480 bis 1485 von einem unbekannten Künstler der Dürer-Zeit gemalt, gehört es zu den großen Schöpfungen des Spätmittelalters. Weitere Attraktionen sind der **Gothaer Tafelaltar** mit 160 Tafeln (1. Hälfte des 16. Jhs.), Gemälde von Lucas Cranach d. Ä. sowie Werke von Rubens, van Dyck und Hals (Führungen Di–So 11 und 14 Uhr).

Kunstkammer

Hier sind Kleinodien und Kuriositäten wie das **in einen Kirschkern geschnitzte Porträt** von Ernst dem Frommen zu bewundern. Die klassizistischen Plastiken von Houdon finden im Marmorzimmer ein tolles Ambiente.

Kasematten

Von den Befestigungsanlagen des Schlosses Friedenstein wurde nie ein Schuss abgefeuert, daher hat man die oberirdischen Teile bald wieder abgetragen. **Die unterirdischen Gewölbe** kann man heute

Karte Seite 80

Thronsaal im Schloss Friedenstein

auf einem 300 m langen Rundgang erleben, mit Horchschächten, Ein-Mann-Löchern und 4 m tiefen Fallgruben (Führungen Di bis So 13 Uhr).

Ekhof-Theater

Das 1681–1683 in den Ballsaal installierte Theater ist das älteste Barocktheater mit original erhaltener Bühnentechnik. Conrad Ekhof leitete hier das erste deutsche Theater mit festem Ensemble. Alljährlich im Sommer dient das Theater dem **Ekhof-Festival** als Kulisse. Dabei werden unbekannte, qualitätvolle Werke des 18. Jhs. für die heutige Zeit wieder entdeckt. Neben zeitgenössischen Kostümen und Bühnenbildern verwendet man die dem Original nachempfundene Bühnenbeleuchtung und die hölzerne Kulissenverwandlungsmaschine aus dem 17. Jh. (Tel. 03 61/5 07 85 70, www.ekhof-festival.de).

Museum der Natur Ⓑ

In dem stattlichen Neorenaissance-Gebäude des einstigen Herzoglichen Museums (1864–1879) an der Parkallee ist das größte Naturkundemuseum Thüringens untergebracht. Hauptattraktion ist die **Ursaurier-Ausstellung** mit Skeletten und Lebendrekonstruktionen (Tel. 03 61/82 30 10, Öffnungszeiten wie das Schloss).

Echt gut!

Schlosspark

In dem 1770 angelegten Landschaftspark kommt man am **Teeschlösschen** Ⓒ (1786) vorbei zur **Orangerie** Ⓓ. Mit ihren Treibhäusern bildete sie einst den oberen Teil des Barockgartens. Im nördlichen Orangenhaus ist die Stadtbibliothek untergebracht.

Östlich gegenüber, außerhalb des Parks, liegt das **Schloss Friedrichsthal** Ⓔ (1708–1711), eine zweigeschossige Dreiflügelanlage aus der Zeit des Barock.

Altstadt

Zurück durch den Park erreicht man den Vorplatz Schloss Friedensteins, vom dem sich ein schöner Blick über die Altstadt bietet. Treppab kommt man zur **Wasserkunst** Ⓕ (1895). Die Sandsteinterrasse mit großem Brunnen erinnert an den Bau des Leinakanals.

Hauptmarkt

Am denkmalgeschützten Hauptmarkt fällt das **Cranach-Haus** Ⓖ mit dem Wappenzeichen der Malerfamilie Cranach, der geflügelten Schlange, auf. Restaurierte Bürger- und Geschäftshäuser säumen den Platz. Das ***Rathaus** Ⓗ wurde 1567–1574 als Kaufhaus

Ⓐ Schloss Friedenstein
Ⓑ Museum der Natur
Ⓒ Teeschlösschen
Ⓓ Orangerie
Ⓔ Schloss Friedrichsthal
Ⓕ Wasserkunst
Ⓖ Cranach-Haus
Ⓗ Rathaus
Ⓘ Waidhaus
Ⓙ Maria-Magdalenen-Hospital
Ⓚ Haus zum König Salomon
Ⓛ Margarethenkirche
Ⓜ Augustinerkloster

Karte Seite 80

errichtet. Bis zur Fertigstellung des Schlosses diente es dem Hofstaat als Unterkunft. Bemerkenswert sind das Nordportal und der markante Turm an der Südseite.

Weitere Gebäude in der Altstadt

Im **Waidhaus** Ⓘ (1577) wurde aus der Waidpflanze der berühmte blaue Farbstoff gewonnen. Im ältesten Teil der Stadt wurde 1223 von der Landgräfin Elisabeth das **Maria-Magdalenen-Hospital** Ⓙ am Brühl gegründet. Der Barockbau (1716–1719) zeichnet sich durch ein imposantes figurenbekröntes Portal aus. Das **Haus Zum König Salomon** Ⓚ ist das einzige mittelalterliche Bürgerhaus von Gotha. Ein Abstecher über die Marktstraße führt zur **Margarethenkirche** Ⓛ, die gotische und barocke Stilelemente vereint (Mo bis Fr 10–16 Uhr). In der Kirche des ***Augustinerklosters** Ⓜ predigten der Gothaer Reformator Friedrich Myconius und der Augustinermönch Martin Luther (Mai–Okt. Mo–Fr 10–16, Nov. bis April 9–14.30 Uhr).

Infos

Gotha-Information
Hauptmarkt 33][99867 Gotha
Tel. 0 36 21/5 07 85 70
Fax 50 78 57 20][www.gotha.de

Hotels

- **Hotel am Schlosspark**
Lindenallee 20][Tel. 03 61/44 20
www.hotel-am-schlosspark.de
Gediegenes Haus in zentraler Lage, umgeben von viel Grün. ●●●

- **Best Western Hotel Lindenhof**
Schöne Aussicht 5][Tel. 03 61/77 20
www.lindenhof.bestwestern.de
Ruhig in parkähnlicher Anlage gelegenes Vier-Sterne-Haus mit Sauna, Dampfbad und Sonnenterrasse. ●●●

- **Thüringer Waldblick**
Am Boxberg 86][99880 Leinatal
Tel. 0 36 22/90 02 34
www.hotel-thueringerwaldblick.de
Alleinlage mit Panoramablick zu den Hängen des Thüringer Waldes; Haltestelle der Thüringerwaldbahn. ●●

- **Landhaus Hotel Romantik**
Salzgitterstr. 76][Tel. 03 61/3 64 90
www.landhaus-hotel-romantik.de
Charmantes Fachwerkhaus mit 14 stilvoll gestalteten Zimmern; Restaurant mit offenem Kaminfeuer. ●●

Restaurants

- **Pagenhaus**
Schloss Friedenstein
Tel. 03 61/40 36 12
www.romantik-restaurant-pagenhaus.de
Hervorragende thüringische Küche in exklusiver Umgebung, mit Biergarten. Di–So 11–18 Uhr. ●●●

- **Mönchshof**
Salzgitterstr. 92][Tel. 03 61/73 60 30
Thüringer Hausmannskost und Gerichte nach Rezepten des 16. Jhs., mit Biergarten. ●

- **Carnaby**
18. März-Str. 24][Tel. 03 61/70 68 34
www.carnaby-gotha.de
Irish Pub mit Biergarten, der auch als Galerie fungiert. ●

Shopping

Gothas beliebteste **Bummelboulevards** sind die Erfurter Straße, die Marktstraße und der Neumarkt.

Bachdenkmal in Arnstadt

Ausflug mit der Thüringerwaldbahn

Vom Gothaer Hauptbahnhof aus kann man mit der Thüringerwaldbahn (Straßenbahnlinie Nr. 4) einen Ausflug in den Thüringer Wald machen. Seit 70 Jahren fährt sie über Reinhardsbrunn und Friedrichroda › S. 93 bis Tabarz (22,7 km; etwa 70 Min. Fahrtdauer, www.waldbahn-gotha.de).

**Arnstadt 4

Die attraktive Kleinstadt (24 500 Einw.) gehörte im Mittelalter zu den fünf thüringischen Waidstädten. Johann Sebastian Bach erhielt hier seine erste Anstellung als Organist (1703–1707). Gegenüber dem Bach-Denkmal am Marktplatz steht das niederländisch anmutende ***Renaissance-Rathaus** (1582–1586). Die nahe gelegene doppeltürmige ***Liebfrauenkirche** (ca. 1220–1330) birgt die Grablege der Grafen von Schwarzburg, einen spätgotischen Vierflügelaltar (1498) sowie mittelalterliche Passionsfenster.

Im »Haus zum Palmbaum« (17. Jh.) ist die **Bach-Gedenkstätte** untergebracht. Zu besichtigen ist der originale Spieltisch der Bach-Orgel (Markt 3, Tel. 03 61/ 60 29 78, Di–So 9.30–16.30 Uhr).

Auf dem **Alten Friedhof** erinnert ein Ehrenmal an die Toten des Außenlagers »S III« des KZ Buchenwald im Jonastal. Die Plastik »Der Rufer« schuf Fritz Cremer 1965.

Die Herzen großer und kleiner Kinder schlagen höher beim Anblick der Dampfloks im **Museum Bahnbetriebswerk** (Rehestädter Weg 4, Tel. 01 62/6 79 55 40, www.bw-hist.arnstadt.de, Mi–Fr 10–16, Sa, So 10-17 Uhr).

6 Mon plaisir

Eine weltweit einmalige Puppensammlung: 400 Wachsfiguren von ca. 25 cm Größe im ***Neuen Palais** veranschaulichen das Leben in der ersten Hälfte des 18. Jhs. Am Lebenswerk der Fürstin Augusta Dorothea von Schwarzburg-Arnstadt (1666 bis 1751) war der ganze Hofstaat bei der Gestaltung der stilechten Fürsten- und Handwerkerzimmer, Klosterräume und Straßenszenen beteiligt (Tel. 03 61/ 60 29 32, Di–So 9.30–16.30 Uhr).

Info

Arnstadt-Information
Markt 3][99310 Arnstadt
Tel. 0 36 28/60 20 49][Fax 66 18 47
www.arnstadt.de

Hotels

Hotel Stadtbrauerei Arnstadt
Brauhausstr. 1–3][Tel. 0 36 28/60 74 00
www.arnstadt-stadtbrauerei.de
Gediegenes Brauhaushotel mit Apartmenthaus. ●●

Hotel Anders
Gehrener Str. 22][Tel. 0 36 28/74 53
www.hotel-anders.de
Moderner Neubau in ruhiger Lage am südlichen Stadtrand. ●●

Pension Globetrotter
Rosenstr. 24][Tel. 0 36 28/60 37 79
Zentral, ruhig, mit charmantem Restaurant und idyllischem Garten. ●

Restaurants

Goldene Henne
Ried 14][Tel. 0 36 28/58 95 60
www.henne-arnstadt.de
Gast- und Logierhaus in der Altstadt, Biergarten, Kleinkunstbühne. ●●

Kulisse
Kohlenmarkt 8][Tel. 0 36 28/7 82 88
Sympathisches Café mit Biergarten im Innenhof. ●

Shopping

Arnstadt Kristall GmbH
Bierweg 27][Tel. 0 36 28/6 60 00
www.kristallwelt-arnstadt.de
Handgeschliffenes Bleikristall kann man hier im Werksverkauf günstig erwerben (Mo–Fr 9–18, Sa 9–14 Uhr).

Deutsches Bratwurstmuseum 5

2006 wurde in Holzhausen das 1. Deutsche Bratwurstmuseum eröffnet, dessen ständige Ausstellung über die Bratwurst im Allgemeinen und die Thüringer Rostbratwurst im Besonderen informiert. In den Genuss dieser Spezialität kommt man nebenan im Restaurant Partyscheune (Hinter dem Gute 2, Tel. 0 36 28/ 60 44 12, www.bratwurstmuseum.net, Mai–Sept. Di–So 11–17, Okt.–April So 11–17 Uhr).

Drei Gleichen 6

Drei Burgen bilden die sagenumwobene Gruppe: Von der **Mühlburg,** Thüringens ältester, sind der Burgturm und ein kleines Museum zu besichtigen (März–Okt. Mo–Fr 10–17, Sa/So 10–18 Uhr, Nov.–Febr. nur Außenanlagen). Die **Burg Gleichen** (11. Jh.) wurde bekannt durch die Sage von dem Grafen, der vom Kreuzzug mit einer zweiten Frau heimkehrte (April–Okt. tgl. 9–18, Nov./Dez., März 9–17, Jan./Febr. nur Sa/So 9–17 Uhr). Relativ gut erhalten ist die ***Veste Wachsenburg** (1170). Das einstige Raubritternest ist heute ein Schlosshotel mit gutem Restaurant.

Hotel

Veste Wachsenburg
Veste Wachsenburg 91
99310 Holzhausen][Tel. 0 36 28/7 42 40
www.veste-wachsenburg.de
Stilvoll eingerichtetes Hotel, in die Veste integriert. ●●●

Bad Berka 7

Sehenswert sind hier die **Kirche** (1727–1741), das klassizistische Zentrum mit dem **Rathaus** (1817) und der liebevoll rekonstruierte

Kurpark mit Badegesellschafts- oder Coudray-Haus (1825), in dem heute Ausstellungen stattfinden. Goethe besuchte in Berka gern den Schriftsteller J. M. R. Lenz (1751–1794).

Info

Kurverwaltung
Goetheallee 3][99438 Bad Berka
Tel. 03 64 58/1 94 33
www.bad-berka.de

Hotel

Wettiner Hof
Bahnhofstr. 32][99438 Bad Berka
Tel. 03 64 58/4 93 22
www.wettiner-hof.net
Drei-Sterne-Hotel am Bahnhof mit 24 einfach eingerichteten Zimmern und griechischem Restaurant. ●●

Hohenfelden 8

Der **Stausee Hohenfelden** ist ein riesiger Freizeitpark mit Stränden, Wasserrutsche, Camping, Wildgehege und Restaurants. Ferner lockt hier das Erlebnisbad **Avenida-Therme** (Tel. 03 64 50/4 20 81, www.stausee-hohenfelden.de, tgl. 10–23 Uhr). Ein großer Besuchermagnet ist auch das **Freilichtmuseum** mit 30 historischen Bauerngehöften (Im Dorfe 63, Tel. 03 64 50/3 02 85, www.thueringer-freilichtmuseum-hohenfelden.de, Jan.–März Sa/So 11–17, April bis Okt. tgl. 10–18, Nov. Di–So 11–17 Uhr). Neben dem Freilichtmuseum bietet das **Horse Camp** Ausritte und Kurse im Westernreiten an (Im Dorfe 22b, Tel. 01 72/3 78 61 31, www.horsecamp.de).

Echt gut!

Stadtilm 9

Der Ort (5000 Einw.) mit seinem überdimensional großen Marktplatz lag im Mittelalter an einem alten Handelsweg, der Kahlertstraße, die nach Coburg führte. Die Innenausstattung der **Stadtkirche St. Marie** im Rokokostil ist von 1780. Das **Rathaus** ist in einem von den Schwarzburgern umgebauten Zisterzienserkloster (1274–1533) untergebracht.

Info

Tourist-Information
Straße der Einheit 3][99326 Stadtilm
Tel. 0 36 29/80 25 06][www.stadtilm.de

**Klosterruine Paulinzella 10

Das 1105–1124 erbaute Kloster ist auch noch als Ruine eines der **eindrucksvollsten Zeugnisse romanischer Baukunst** in Deutschland. Bis zur Reformation war es geistiges und herrschaftliches Zentrum eines ausgedehnten Gebiets. Danach wurde es aufgelöst, ab 1664 abgetragen. Seit 1811 steht die Ruine unter Denkmalschutz, sie ist ganzjährig zugänglich. Auf den Grundmauern des früheren Abtshauses wurde um 1620 ein Jagdschloss errichtet. In dem schönen Renaissancegebäude ist heute ein sehenswertes **Museum** zur Klostergeschichte eingerichtet (Tel. 03 67 39/3 11 43 44, April–Okt. Di–So 10–18, sonst 10–17 Uhr).

Echt gut!

Portal von Schloss Wilhelmsburg

Thüringer Wald

Nicht verpassen!

- Eine Führung durch die Räume der Wartburg
- Durch die Berge des Thüringer Waldes wandern
- Den Spuren der Wintersportler in Oberhof folgen
- Mit der Oberweißbacher Bergbahn im Schwarzatal fahren
- In Lauscha durch die Werkstätten der Glasbläser bummeln

Zur Orientierung

Der Thüringer Wald ist das größte zusammenhängende Waldgebiet Deutschlands und eine seiner beliebtesten Wanderregionen. Er erstreckt sich von Eisenach im Nordwesten bis nach Saalfeld im Südosten, wo er in das Thüringische Schiefergebirge übergeht. Auf seinen Höhenlagen wachsen Fichten, im nordwestlichen Teil auch Buchen. Typisch ist der Gegensatz zwischen bewaldeten Höhen und tief eingeschnittenen Tälern, was besonders eindrucksvoll im Schwarzatal zu sehen ist. Auf dem Kamm verläuft der berühmte Rennsteig, ein etwa 168 km langer Wanderweg, der auch über den Großen Beerberg führt, mit 982 m die größte Erhebung des Mittelgebirges. Weitere beliebte Gipfelwanderziele sind der Große Schneekopf (978 m), der Große Finsterberg (944 m) und der Große Inselsberg (916 m). Das Netz der Wanderwege führt immer wieder in sehenswerte Orte wie Schmalkalden mit seinen gut erhaltenen Fachwerkhäusern und Friedrichroda, wo mit der Marienglashöhle eine besonders schöne Kristallhöhle zu besichtigen ist. Und natürlich zur berühmtesten Burg von allen, der Wartburg, auf der Martin Luther 1521/22 das Neue Testament ins Deutsche übersetzt hat. Ihr zu Füßen liegt Eisenach, wo 1685 der Komponist Johann Sebastian Bach geboren wurde.

Am Rennsteig

Touren in der Region

Von der Wartburg in den Thüringer Wald

11 Eisenach › Friedrichroda › Schmalkalden › Oberhof › Zella-Mehlis › Suhl › Ilmenau

Dauer: 4–5 Tage, 123 km
Praktische Hinweise: Eine Stunde Fußweg braucht der Wanderer, um den Kickelhahn bei Ilmenau zu ersteigen.

Erst Kunst und dann die Ruhe des Thüringer Waldes genießen: Das ist das Motto der Tour, die mit der ***__Wartburg__** › S. 91 und **__Eisenach** › S. 88 beginnt. Versäumen Sie nicht, von der Festung aus in die Stadt hinab zu steigen, denn

Karte Seite 68

dort gibt es auch eine Menge zu entdecken wie das Bach- und das Lutherhaus mit seinem uralten Fachwerk, die Nikolaikirche und das Stadtschloss.

Richtung Südosten gelangt man zum **Stift Reinhardsbrunn** bei Friedrichroda › S. 93. Hier beleuchtet eine Ausstellung das Leben der heiligen Elisabeth nach dem Tod ihres Mannes, des Landgrafen. Durch den Thüringer Wald geht es weiter nach ****Schmalkalden** › S. 96, dessen mittelalterlicher Stadtkern herrliche Fachwerkbauten aufweist. Wer die Orte entdecken möchte, an denen der Schmalkaldische Bund tagte, der folgt einfach den Schildern mit dem Symbol der Lutherrose, die den Weg weist. Das Wintersport- und Wanderzentrum **Oberhof** › S. 98 liegt inmitten großer Fichtenwälder und ist ein beliebtes Etappenziel für Rennsteigwanderer. Es ist ein guter Ausgangspunkt, um den **Großen Beerberg** zu besteigen, die höchste Erhebung im Thüringer Wald. Einen Ausflug in die kriegerische Vergangenheit des Landes kann man in **Zella-Mehlis** › S. 99 und in **Suhl** › S. 100 unternehmen. Zella-Mehlis, romantisch in einem Talkessel gelegen, war früher wie Suhl ein Zentrum der Waffenproduktion. Von dem Reichtum, der sich mit Büchsen erwirtschaften ließ, zeugen noch heute große Bürgerhäuser und Kirchen. In **Ilmenau** › S. 102 stoßen Sie schließlich auf die Spuren von Goethe. Der Geheime Rat kümmerte sich höchstpersönlich um die Finanzen der Stadt und organisierte den Kupfer- und Silberbergbau. Das Amtshaus neben dem Rathaus hat er als Dienstwohnung genutzt. Heute ist dort eine Gedenkstätte untergebracht.

Wanderung auf dem Rennsteig

⑫ Hörschel › Hohe Sonne › Grenzwiese › Grenzadler › Allzunah › Friedrichshöhe › Spechtsbrunn › Brennersgrün › Blankenstein

Dauer: 8 Tage, 168 km
Praktische Hinweise:
Der Regionalverbund Thüringer Wald empfiehlt diese acht Tagesetappen. Infos zu Unterkünften entlang des Rennsteiges unter: Tel. 03 68 42/52 98 20, www.thueringer-wald.com

Lassen Sie Hörschel durch das Tor zum **Rennsteig** › S. 107 hinter sich. Auf der ersten Etappe wird Ihnen nicht nur die Steigung den Atem rauben, sondern auch der schöne Blick auf die *****Wartburg** › S. 88. Nicht weniger anspruchsvoll ist die Strecke bis zur Grenzwiese, bei der man den Inselsberg, den zweithöchsten Punkt auf dem Rennsteig, passiert. Die dritte Etappe belohnt mit beeindruckenden Naturschauspielen wie dem Trusetaler Wasserfall. Vom Grenzadler geht es weiter nach Allzunah, wobei der ***Rennsteiggarten** › S. 99 mit 4000 Gebirgspflanzen aus aller Welt eine willkommene Abwechslung bietet. Vor Ihrem fünften Etappen-

Echt gut!

ziel sollten Sie sich eine Pause auf der **Rennsteigwarte** gönnen: Der Ausblick auf die Region ist fantastisch. Bei der nächsten Etappe treffen Sie auf den Dreistromstein, der die Wasserscheide zwischen Weser, Elbe und Rhein markiert. Der vorletzte Streckenabschnitt führt über den Schönwappenweg, wo Sie mit Wappen verzierte Grenz- und Dreiherrensteine bewundern können. Vor dem Ende der Wanderung durchqueren Sie das Grüne Band, ein Biotop auf dem ehemaligen Grenzstreifen (www.bund.net/gruenes-band).

Unterwegs im Thüringer Wald

**Eisenach 11

Eisenach (43 500 Einw.) liegt reizvoll am Nordwestrand des Thüringer Waldes. Nach der Wende bekam die lange Tradition des Automobilbaus neuen Schwung. Gleichzeitig gelang es, die touristischen Reize auszubauen: den in der Nähe beginnenden Rennsteig, das Erbe von Johann Sebastian Bach und Martin Luther und natürlich die über der Stadt thronende Wartburg.

In Eisenach wurde immer wieder Geschichte geschrieben: Die Stadt war Schauplatz des legendären Sängerwettstreits und Wirkungsstätte der heiligen Elisabeth (13. Jh.), Zufluchtsort Luthers (1521) und Treffpunkt der Studenten beim Wartburgfest 1817. 1869 wurde hier die Sozialdemokratische Arbeiterpartei ins Leben gerufen. 1896 wurde die Kraftfahrzeugfabrik gegründet, die in den 20er-Jahren den BMW-Dixi und zu DDR-Zeiten den Wartburg produzierte. 1992 liefen die Bänder des Opelwerks an.

Karlsplatz und Umgebung

Der **Karlsplatz** bildete einst die östliche Grenze des mittelalterlichen Eisenach. Hier steht das um 1200 errichtete **Nikolaitor** Ⓐ, das einzige erhaltene von ehemals fünf Stadttoren. Die sich anschließende **Nikolaikirche** Ⓑ war früher Teil eines Benediktinerinnenklosters. Ihr Achteckturm verrät rheinischen Einfluss.

Rund um den Marktplatz

*Rathaus Ⓒ

Das Rathaus geht auf ein spätmittelalterliche Gebäude zurück, das 1564 im Renaissancestil umgebaut und 1636 nach einem Brand um ein Stockwerk erhöht wurde. Bemerkenswert ist der Turm mit geschweifter Haube und Laterne. Auf dem **Marktbrunnen** (1549) ist der heilige Georg, der Schutzpatron von Eisenach, dargestellt. Ein weißes Kreuz im Straßenpflaster (zwischen Georgenkirche und Postamt) markiert die Stelle, an der der Stadtrat 1525 nach der

Karte Seite 88

Bauernerhebung fünf Anführer enthaupten ließ.

Stadtschloss D

An der Nordseite des Marktes steht das barocke Stadtschloss, das 1742–1744 vom Weimarer Hofbaumeister Gottfried Heinrich Krone für Herzog Ernst August von Sachsen-Weimar errichtet wurde. Im teilrestaurierten Gebäude ist eine Porzellanausstellung (Di–So 11–17 Uhr).

**Georgenkirche E

Die Kirche an der Südseite des Marktes wurde 1180 erbaut und 1515 zur spätgotischen Hallenkirche erweitert. Im Bauernkrieg 1525 verwüstet, wurde sie 1560

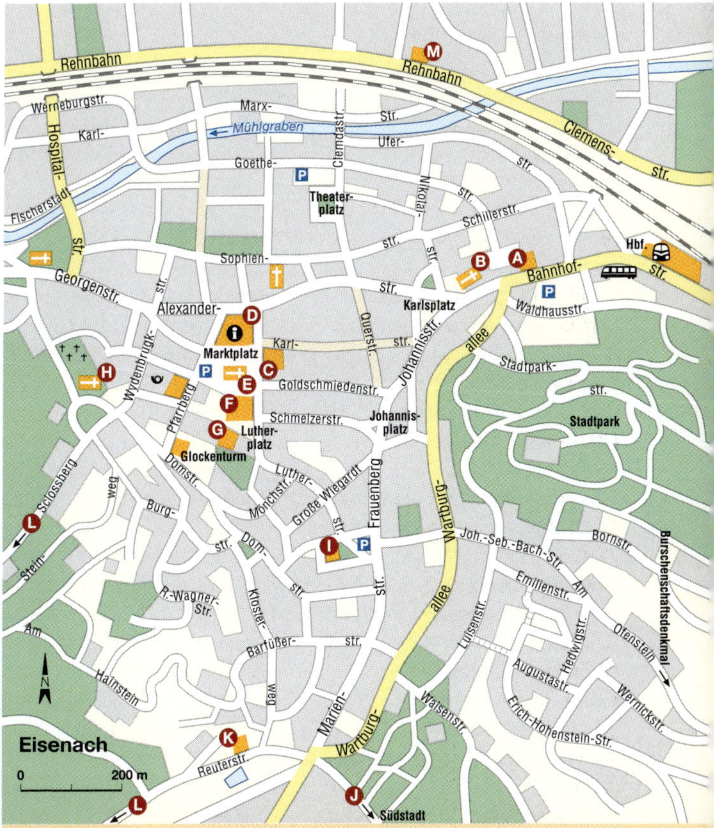

- A Nikolaitor
- B Nikolaikirche
- C Rathaus
- D Stadtschloss
- E Georgenkirche
- F Alte Residenz
- G Lutherhaus
- H Predigerkirche
- I Bachhaus
- J Südstadt
- K Reuter-Villa
- L Wartburg
- M Automobile Welt Eisenach

Geschichtsträchtig: die Wartburg

mit zwei Emporen im Stil der Renaissance wiederhergestellt. Hier schlossen Ludwig und Elisabeth 1221 den Bund fürs Leben, hier predigte Martin Luther, und hier wurde Bach getauft.

Alte Residenz F

Südlich des Marktes liegt dieses Schloss mit Renaissanceportal am Nordflügel, das in der Zeit Friedrichs des Weisen im 16. Jh. errichtet wurde. Der Westflügel wurde 1507 im Stil der Spätgotik erbaut.

**Lutherhaus G

Hier war Martin Luther von 1498 bis 1501 als Lateinschüler untergebracht. Eine Ausstellung dokumentiert Leben und Werk des Reformators und die Geschichte des evangelischen Pfarrhauses (Lutherplatz 8, Tel. 0 36 91/2 98 30, www.lutherhaus-eisenach.de, tgl. 10–17 Uhr).

Predigerkirche H

Die frühgotische Predigerkirche (1240) gehörte einst zu einem Dominikanerkloster, das als erstes Kloster weltweit zu Ehren der heiligen Elisabeth errichtet wurde. Bemerkenswert sind die zweistöckige Kapelle an der Südseite und die dreischiffige Krypta. Eine Ausstellung zeigt mittelalterliche Kunst in Thüringen (Predigerplatz, Tel. 0 36 91/78 46 78, www.predigerkirche.eisenachonline.de, Di–So 11–17 Uhr).

**Bachhaus I

Johann Sebastian Bach wurde am 21. März 1685 in Eisenach geboren. Seit 1907 ist hier eine Gedenkstätte zu Leben und Werk des Komponisten eingerichtet. Jeder Gast erhält einen **Live-Musikvortrag auf historischen Instrumenten**. Im modernen Anbau ist ein begehbares Musikstück zu erleben (Frauenplan 21, Tel. 0 36 91/ 79 3 40, www.bachhaus.de, tgl. 10–18 Uhr).

Südstadt J

Rund 400 prächtige Gründerzeithäuser schmücken die Prediger-, Kartäuser- und Marienhöhe. Meisterlich an die Hanglage angepasst, könnten die rund 400 Bauten aus der zweiten Hälfte des 19. Jhs. kaum unterschiedlicher sein: Wartburg-Imitate und Fachwerkhäuser stehen neben Villen im italienischen, englischen, griechischen und im Schweizer Stil.

*Reuter-Villa K

Die Villa beherbergt das **Reuter-Wagner-Museum** mit der nach Bayreuth umfangreichsten Richard-Wagner-Sammlung. 1874 starb hier der niederdeutsche Schriftsteller Fritz Reuter, der die Villa im Neorenaissancestil erbauen ließ (Reuterweg 2, Tel. 0 36 91/ 74 32 93, Di–So 11–17 Uhr).

7 ***Wartburg L

Hoch über Eisenach thront die Wartburg, seit 1999 UNESCO-Weltkulturerbe. Der Sage nach wurde sie 1067 von Graf Ludwig dem Springer gegründet. Die Gebäude der historisch interessantesten deutschen Burganlage gruppieren sich um zwei Innenhöfe, die man über eine Zugbrücke betritt. Ältester Teil ist das spätromanische Landgrafenhaus, der **Palas** von 1220 (Besuch nur im Rahmen einer Führung).

In einer schlichten holzgetäfelten Stube der Vogtei wohnte Martin Luther bei seinem zehnmonatigen Aufenthalt 1521/1522 auf der Burg unter dem Decknamen »Junker Jörg«. Die **Lutherstube** ist fast unverändert erhalten. Hier übersetzte der Reformator das Neue Testament ins Deutsche.

In der **Neuen Kemenate** und in der **Dirnitz** (beide nach 1850 entstanden) zeigen die Kunstsammlungen spätgotische Wandteppiche, Kunsthandwerk der Renaissance, eine Skulptur aus der Werkstatt von Tilman Riemen-

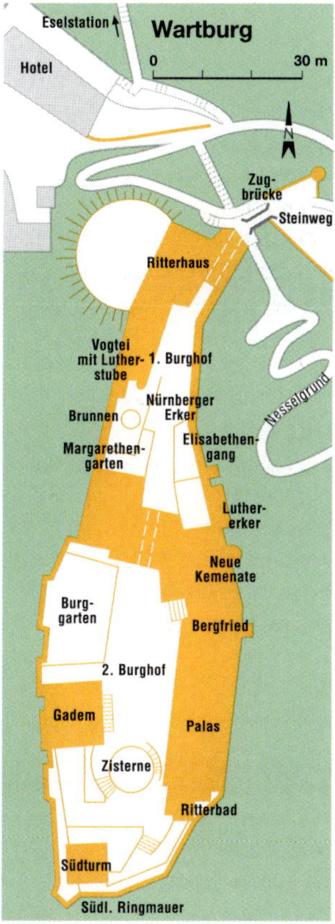

schneider sowie Werke deutscher Barockmaler.

Die Wartburg wurde im 19. Jh. aufwendig restauriert. 1854/55 schuf Moritz von Schwind die berühmten Fresken in der **Elisabethgalerie,** die die Geschichte der Wartburg, den Sängerstreit und die Elisabethlegende darstellen (Tel. 0 36 91/25 00, www.wartburg.de, März–Okt. tgl. 8.30–20, Führungen bis 17 Uhr, Nov.–Febr. 9–17, Führungen bis 15.30 Uhr).

Automobile Welt Eisenach Ⓜ

In einer Halle der Automobilwerke (AME) von 1935 sind alle Fahrzeugtypen zu besichtigen, die seit dem Ende des 19. Jhs. in Eisenach produziert wurden, z. B. der Wartburg-Motorwagen von 1899 und der Dixi R 8 von 1910 (Friedrich-Naumann-Str. 10, Tel. 0 36 91/7 72 12, www.ame.eisenach online.de, Di–So 11–17 Uhr).

Burschenschaftsdenkmal

Ein reizvoller Spaziergang führt von der Altstadt auf die südöstlich gelegene Göpelskuppe mit dem 33 m hohen Burschenschaftsdenkmal (1901/1902). Es erinnert an das Wartburgfest von 1817, als Burschenschaften gegen Feudalherrschaft und die Zersplitterung Deutschlands demonstrierten.

Info

Eisenach-Wartburgregion Touristik
Markt 9][99817 Eisenach
Tel. 0 36 91/7 92 30
www.eisenach.info

Hotels

■ **Auf der Wartburg**
Tel. 0 36 91/79 70
www.wartburghotel.de
Fünf-Sterne-Hotel in einem Gebäude von 1913 direkt bei der Wartburg. Aufwendig gestaltet. ●●●

■ **Hotel am Bachhaus**
Marienstr. 7][Tel. 0 36 91/2 04 70
www.hotel-am-bachhaus.de
Hotel in zentraler Lage mit modern eingerichteten Zimmern. ●●●

■ **Berghotel**
An der Göpelskuppe 1
Tel. 0 36 91/2 26 60
www.berghotel-eisenach.de
Nahe beim Burschenschaftsdenkmal, mit herrlichem Blick über Eisenach. ●●

■ **Gasthof am Storchenturm**
Georgenstr. 43][Tel. 0 36 91/73 32 63
www.gasthof-am-storchenturm.de
Rustikale Wanderpension in mittelalterlichem Gehöft, Restaurant. ●

■ **Jugendherberge**
Marienthal 24][Tel. 0 36 91/74 32 59
www.eisenach.jugendherberge.de
Am Stadtrand, mit Familienzimmern. ●

Camping

Campingpark Eisenach
Am Altenberger See 1
99819 Wilhelmsthal
Tel. 0 36 91/21 56 37
www.campingpark-eisenach.de
Ca. 8 km südl., Bungalowvermietung.

Restaurants

■ **Turmschänke**
Karlsplatz 28][Tel. 0 36 91/21 35 33
Stilvolles Weinrestaurant im Nikolaitor, Spitzenküche und 120 ausgesuchte Weine. Tgl. ab 18 Uhr, So geschl. ●●●

■ **Gewölberestaurant Brunnenkeller**
Am Markt 10][Tel. 0 36 91/21 23 58

Karte Seite 68

Typische Thüringer Gerichte im Gewölbe oder auf der Terrasse. ●●●

■ **Alt-Eisenach**

Karlstr. 51][Tel. 0 36 91/74 60 88

Lokal mit Thüringer Küche und gutem Preis-Leistungs-Verhältnis. ●●

Nightlife

■ **Thüringer Landestheater Eisenach**

Theaterplatz 4–7][Tel. 0 36 91/25 62 32

www.theater-eisenach.de

Auf dem Spielplan stehen Schauspiel, Oper, Operette und Konzerte.

■ **Irish Pub O'Tooles**

Goethestr. 25][Tel. 0 36 91/74 38 11

www.o-tooles.de

Livemusik. Wer es ruhiger mag, der weicht ins **Billard-Café** in der ersten Etage aus (Mo–Sa 18–1 Uhr).

■ **Schorsch'l**

Georgenstr. 19][Tel. 01 73/3 72 51 74

www.schorschl.de

Kleinkunstkneipe, für Livemusik-Fans ein Muss (tgl. 19–2 Uhr).

■ **The Beach**

Katharinenstr. 11][Tel. 88 66 11

Heiße Tanzbar mit karibischem Flair. In der angeschlossenen Cocktailbar **Schiffchen** fühlt man sich angesichts der Ausstattung auch wie auf einem solchen.

Shopping

Meisterwerkstatt Stephan Blezinger

Schillerstr. 11][Tel. 21 23 46

www.blezinger.de

Handgearbeitete Flöten, deren Spektrum vom frühbarocken Instrument bis zur modernen Blöckflöte reicht.

Friedrichroda 12

Der Luftkurort (5300 Einw.) ist Ausgangspunkt für herrliche Wanderungen. Am Ortsrand liegt

In der Marienglashöhle

Schloss Reinhardsbrunn (erbaut um 1600) mit einem schönen Landschaftspark. Das Schloss kann nicht besichtigt werden. An eine bedeutende Besucherin des einstigen Benediktinerklosters auf dem Gelände erinnert die Elisabethausstellung. Die verwitwete Landgräfin begleitete hier 1228 ihren Mann zu seiner letzten Ruhestätte. 1235 wurde Elisabeth von Thüringen heilig gesprochen (Tel. 0 36 23/30 30 96, www.kloster park-reinhardsbrunn.de).

Die **Marienglashöhle** sollte man sich nicht entgehen lassen, zeigt das Schaubergwerk doch **eine der schönsten und größten Gipskristallgrotten Europas** (Tel. 0 36 23/30 49 53, April–Okt. 9–17, Nov.–März 9–16 Uhr). Echt gut!

Ein 8 km langer Wanderweg führt von Friedrichroda aus auf den **Inselsberg** (916 m).

Volksfeste der besonderen Art sind der **Ostermarkt** und das **Internationale Bettenrennen** am ersten Juli-Wochenende über eine Strecke von 2 km (www.bettenrennen.de).

Special

Thüringen sagenhaft

»Burgen, Schlösser, Monumente« oder »Von Fürsten und Bergleuten« heißen die Themen von Erlebniswochenenden, Zeitreisen durch 2000 Jahre deutscher Geschichte. Das Land öffnet viele seiner über 400 aufwendig restaurierten Burgen und Schlösser für Gäste, die sich auf unterhaltsame und dennoch lehrreiche Weise mit Personen und Ereignissen der deutschen Geschichte befassen wollen. Einstige Herrschaftssymbole kleiner Fürstentümer und Residenzen adliger Geschlechter sind heute Besucherattraktion, nicht zuletzt dank vielfältiger kultureller Veranstaltungen in den historischen Räumen.

Musikanten und Mimen

Die **Wartburg,** als UNESCO-Welterbe geschützt, lädt in den Sängersaal zur Neuauflage des historischen Sängerwettstreits ein. In der **Reichsburg** auf dem Kyffhäuser bei Bad Frankenhausen finden von Juni bis September auf dem Ruinengelände vor dem gewaltigen Kyffhäuser-Denkmal verschiedenste Konzerte von Rock über Bigband-Jazz bis hin zur Klassik statt.

Das **Residenzschloss Sondershausen,** eine Vierflügelanlage, besticht mit seinen prächtigen Festsälen und dem Schlossmuseum, dessen Sammlungen von der Ur- und Frühgeschichte bis zum Kuriositätenkabinett reichen (Di–So 10–17 Uhr). Im Blauen Saal werden Konzerte veranstaltet.

In **Schloss Wilhelmsburg,** Schmalkalden, finden ganzjährig Konzerte im Riesensaal, im Tafelgemach und in der Schlosskapelle statt; wenn dort die »hölzerne Orgel« von 1587 zum Klingen gebracht wird, schlagen musikalische Herzen höher.

Schloss Schwarzburg bei Bad Blankenburg bietet als multikulturelles Zentrum regelmäßig Veranstaltungen an – vom Sommertheater des Theater-Spiel-Ladens aus Rudolstadt im idyllischen Schlossgarten (30. Juni –29. Juli, Fr, Sa 19.30, So 14.30 Uhr) bis zum Weihnachtssingen.

■ **Wartburg**
Tel. 0 36 91/25 00][Fax 20 33 42
www.wartburg-eisenach.de

■ **Reichsburg auf dem Kyffhäuser**
Bad Frankenhausen
Tel. 03 46 51/27 80][Fax 23 08
www.kyffhaeuser-denkmal.de

■ **Schloss Sondershausen**
Tel. 0 36 32/62 24 00
kultur@sondershausen.de

■ **Schloss Wilhelmsburg**
Schmalkalden
Tel. 0 36 83/40 31 86][Fax 60 16 82

■ **Schloss Schwarzburg**
Tel. 03 67 30/3 29 55
www.schloss-schwarzburg.de

Erlebtes Mittelalter

Brot backen und Met trinken, Töpfern und Spinnen wie die ersten Bewohner Thüringens können Gäste von April bis Okt. (Gruppen nach Voranmeldung ganzjährig) auf der **Funkenburg** bei Westgreußen. An historischem Ort, nach historischem Vorbild wurde dort eine germanische Wehrsiedlung rekonstruiert.

Thüringer Schlösser waren oft die Kulisse für Vorleser und Märchenerzähler. Ludwig Bechstein (1801–1860) trug als Hofbibliothekar zu Meiningen rund 1000 Sagen und Märchen zusammen, zu denen auch »Der Däumling« gehört. Ihm zu Ehren wird nun von Ende Oktober bis Ende März das **Märchen- und Sagenfest** mit Lesewanderungen und Märchensymposien gefeiert.

■ **Funkenburg**
Tel. 0 36 36/ 70 46 16
www.funkenburg-westgreussen.de

■ **Meiningen Tourist Information**
Markt 14][Tel. 0 36 93/4 46 50
www.meiningen.de

Brandenburg-Fest

Vor der Kulisse der **Burgruine Brandenburg** im Werratal, einer der größten Doppelburganlagen des 12. Jhs., findet Mitte Juni ein Kostümfest mit Lagerleben und Burgerstürmung in historischen Gewändern und Ritterspielen statt. Mitwirkende sind 30 Gruppen und Vereine aus der Mittelalterszene Deutschlands.

Werratalverein
Zweigverein Brandenburg
Tel. 03 69 27/9 06 19
www.die-brandenburg.de

Heiraten auf Burgen und Schlössern

Auf zahlreichen Burgen und Schlössern Thüringens kann man den Bund fürs Leben schließen, z. B. auf der Burg Greifenstein in Bad Blankenburg, einer der größten mittelalterlichen Burganlagen Deutschlands. Dort können die Gäste in der Burgschänke auch tafeln.

■ **Burg Greifenstein**
Tel. 03 67 41/20 80
www.burg-greifenstein.de

■ **Osterburg in Weida**
Tel. 03 66 03/5 42 60 (Standesamt)
www.osterburg-foerderverein.de

■ **Neues Jagdschloss Hummelshain**
Tel. 03 64 24/2 32 67

Karte
Seite 88

Schloss Wilhelmsburg

Im September findet das **Ludowingerfest** statt, das mit einem Mittelaltermarkt an die Gründerväter der Stadt erinnert (www.ludowingerfest.de). Gesundheitsbewusste schlendern im selben Monat über den großen Kräuter- und Gesundheitsmarkt der **Kneipp-Naturheiltage**.

Info

Kur- und Tourismus GmbH
Marktstr. 13/15][99894 Friedrichroda
Tel. 0 36 23/3 32 00
www.friedrichroda.de

Hotels

- **Ramada Treff-Hotel Friedrichroda**
Burchardtweg 1][Tel. 0 36 23/35 20
www.ramada-treff-friedrichroda.de
Mit Therapie- und Wellnessbereich direkt an der Kurpromenade. ●●●
- **Thüringer Hof**
Bahnhofstr. 20][Tel. 0 36 23/30 43 65
www.gasthof-thueringer-hof.de
Preiswert und zentral gelegen. ●

Camping

Paulfeld
99894 Leinatal][Tel. 03 62 53/2 51 71
www.paulfeld-camping.de
Ganzjährig geöffnet, auch Bungalows.

**Schmalkalden 13

Das hübsche kleine Städtchen (ca. 18 000 Einw.) weist umfangreiche Bausubstanz aus dem 14.–18 Jh. auf. Bekannt geworden ist Schmalkalden durch den »Schmalkaldischen Bund«: 1531 verbündeten sich die protestantischen Stände unter Kurfürst Johann dem Beständigen von Sachsen gegen Kaiser Karl V., der Schmalkalden für einen Ort übelster Ketzerei hielt. Die Fürsten unterlagen 1547 im Schmalkaldischen Krieg den kaiserlichen Truppen.

8 **Schloss Wilhelmsburg

Das Schloss oberhalb der Stadt wurde zwischen 1585 und 1590 auf den Mauern einer mittelalterlichen Burg als Nebenresidenz für Landgraf Wilhelm IV. von Hessen erbaut. Es gehört zu den bedeutendsten Baudenkmälern der Renaissance in Deutschland und zeigt im Inneren noch die originale Raumstruktur. In den mit wertvollen Wandmalereien und Stuckaturen ausgestatteten Räumen wurde ein Museum zur Kunst- und Kulturgeschichte des 16. Jhs. eingerichtet (Tel. 0 36 83/ 40 31 86, April–Okt. tgl. 10–18, Nov.–März Di–So 10–16 Uhr). Unterhalb des Schlosses gelangt man durch gepflegte Grünanlagen zum 1618 errichteten **Marstall,** dem heutigen Amtsgericht.

Altmarkt

Hier steht die **Stadtkirche St. Georg** (1437–1509). In ihr predigte Martin Luther, als er 1537 zum Schmalkalder Fürstentag in der Stadt weilte. Am Kirchhof stehen zwei interessante Fachwerkbauten sowie die **Reformierte Schule** (1658–1659), in der später die Suppenküche zur Versorgung der Armen untergebracht war, ferner das **Evangelische Dekanat** (1549).

Rathaus

Das **Rathaus** besticht durch das Wappen-Entree, eine gelungene Luther-Plastik und den Sitzungssaal des Schmalkaldischen Bundes über dem Ratskeller.

Töpfenmarkt

In der heutigen **Rosenapotheke** in der Steingasse wohnte 1540 Philipp Melanchthon. Martin Luther weilte 1537 während der bedeutendsten Tagung des Schmalkaldischen Bundes nur einige Schritte weiter am Töpfenmarkt. Hier legte er die »Schmalkaldischen Artikel« vor, das Glaubensbekenntnis der Protestanten. Deswegen wurde der Töpfenmarkt 1837 in Lutherplatz umbenannt. Das **Luther-Haus** (ca. 1520) ist ein eindrucksvoller Fachwerkbau. Der **Hessenhof** erinnert daran,

Der Altmarkt von Schmalkalden mit Fachwerkhäusern und Stadtkirche

Karte
Seite 68

dass Schmalkalden einst zu Hessen gehörte. Einen Besuch lohnt auch die **Große Kemenate,** das stattlichste Bürgerhaus Schmalkaldens aus dem frühen 15. Jh.

*Technisches Denkmal Neue Hütte

Im Ortsteil Weidebrunn liegt die 1835 errichtete klassizistische Hüttenanlage. Ihr Hochofen wurde 1870 auf 12 m erhöht und besticht durch seine schlichte Form (Gothaer Str., Tel. 0 36 83/40 30 18, April–Okt. Mi–So 10–17 Uhr).

Besucherbergwerk Finstertal

Die Eisen- und Braunsteingrube war von 1858 bis 1934 in Betrieb. Heute kann man sich im Ortsteil Asbach über den Eisenerzabbau im Schmalkaldener Raum informieren (Tel. 0 36 83/48 80 37, April–Okt. Mi–So 10–17 Uhr).

Info

Tourist Information
Altmarkt 1][98574 Schmalkalden
Tel. 0 36 83/40 31 82
www.schmalkalden.de

Hotels

■ **Stadthotel Patrizier**
Weidebrunner Gasse 9
Tel. 0 36 83/60 45 14
www.stadthotel-patrizier.de
Geschmackvoll eingerichtetes Hotel. Restaurant mit guter Küche. ●●

■ **Waldhotel Ehrental**
Im Ehrental][Tel. 0 36 83/68 90
www.waldhotel-ehrental.de
Historisches Wirtshaus, das Zimmer mit modernem Komfort anbietet. ●●

Veranstaltung

Am letzten Wochenende im August feiert man in Schmalkalden mit Musik, Gauklern und Tanz das traditionelle **Schmalkalder Hirschessen**.

Trusetal 14

Nicht nur wegen des künstlich angelegten Wasserfalls (Ostern–Ende Okt. tgl. 10–18 Uhr) lohnt der Ausflug nach Trusetal. Kinder begeistert der ca. 5000 m² große, von einer Bimmelbahn durchschlängelte Zwergenpark mit rund **1000 Märchenfiguren** (April–Okt. tgl. 10–17, Nov.–März Sa, So 10 bis 17 Uhr).

Oberhof 15

Das Wintersportzentrum (1700 Einw., 810–836 m ü. d. M.) mit großer Tradition zieht jährlich mehr als 100 000 Besucher an. Es fing anno 1470 mit einer Herberge namens »Oberer Hof« klein an. Mit dem Bau der Eisenbahnstrecke Erfurt–Stuttgart 1884 entwickelte sich der Luftkurort zum deutschen St. Moritz. Heute ist allerdings nur noch wenig von der noblen Hotelarchitektur zu sehen.

Thüringer Wintersportmuseum

Oberhof war seit jeher auch ein Zentrum das Wintersports. 1906 wurde die erste Sprungschanze errichtet. Zu DDR-Zeiten sammelten die Oberhofer im Winter bei Olympischen Spielen, Welt- und Europameisterschaften viele Medaillen. Mehr darüber ist im

Karte Seite 68

Im Rennsteiggarten bei Oberhof werden Gebirgspflanzen kultiviert

der Thüringer Wintersportmuseum zu erfahren (Crawinkler Str. 1, Tel. 03 68 42/5 22 37, www.wintersportmuseum.de, tgl. 10–18 Uhr).

*Rennsteiggarten

Im Sommer sollte man sich den Rennsteiggarten ansehen. Der in die natürliche Bergwelt eingebettete botanische Garten beheimatet auf 7 ha fast 4000 Gebirgspflanzenarten (www.rennsteiggartenoberhof.de, Mai–Sept. tgl. 9–18, Okt. 9–17 Uhr).

Info

Oberhof-Information

Crawinkler Str. 2][98559 Oberhof
Tel. 03 68 42/26 90][Fax 2 69 20
www.oberhof.de

Hotels

■ **Treff-Hotel Panorama**

Theodor-Neubauer-Str. 29
Tel. 03 68 42/5 00
www.treff-hotel-panorama.de
Das unübersehbare Wahrzeichen Oberhofs. Vielstöckiger Betonkomplex aus DDR-Tagen mit 409 Zimmern und 80 Apartments. Die Silhouette ist zwei Sprungschanzen nachempfunden. ●●

■ **Haus Vergissmeinnicht**

Crawinkler Str. 10
Tel. 03 68 42/2 23 46
www.haus-vergissmeinnicht.de
Bei Wanderern beliebte Pension mit gemütlichen Zimmern im Landhausstil. Gutes Restaurant und Café. ●●

Café

Café-Pension Kanzlersgrund

Im Tal des Kanzlersgrunds
Tel. 03 68 42/2 00 56
www.oberhof.de/haus-kanzlersgrund
Ausflugslokal in einem romantischen Tal, 5 km östl. von Oberhof. ●

Zella-Mehlis 16

Schon am Ortseingang werden Reisende auf die lange Industrietradition der Kleinstadt (12 200

Karte Seite 68

Wohnküche im Suhler Waffenmuseum

Einw.) aufmerksam gemacht. Dort steht die **Gesenkschmiede Lubenbach,** die auf eine Schneidmühle aus dem 19. Jh. zurückgeht (Tel. 0 36 82/4 33 45, www.gesenkschmiede.zella-mehlis.de, Mo–Do 10–16, Fr 9–12 Uhr). Die ehemalige **Beschussanstalt,** in der Jagdwaffen auf ihre Haltbarkeit geprüft wurden, beherbergt heute das Heimatmuseum (Anspelstr. 25 Tel. 0 36 82/46 46 98, Di–Fr 10–17, Sa, So 10–16 Uhr).

Erlebnispark Meeresaquarium

Eine große Attraktion für ganz Thüringen ist der Erlebnispark Meeresaquarium. Auf 4000 m² ist die Unterwasserwelt wärmerer Regionen zu bestaunen – von Piranhas bis hin zu Korallenriffen (Beethovenstr. 16, Tel. 0 36 82/4 10 78, www.meeresaquarium-zella-mehlis.de, tgl. 10–18 Uhr).

Info

Tourist Information
Louis-Anschütz-Str. 28
Tel. 0 36 82/48 28 40][Fax 48 71 43
www.tourismus.zella-mehlis.de

Hotel

Hotel Waldmühle
Lubenbachstr. 2
Tel. 0 36 82/8 98 90][Fax 89 81 11
www.hotel-waldmuehle.de
Nördlich der Stadt im Lubenbachtal; helle, freundliche Zimmer, Wellnessbereich, Thüringer Küche. ●●

Shopping

Ständiger Thüringer Weihnachtsmarkt
Bahnhofstr. 54][Tel. 0 36 82/4 61 10
Regionale Handwerkserzeugnisse (Mo–Fr 11–15 Uhr).

Suhl 17

Hohe Berge säumen den als »Nuwendorff by Sule« 1359 erstmals erwähnten Ort (41 000 Einw.). Im 16. Jh. galt Suhl als Waffenschmiede Europas und war Lieferant sämtlicher Krieg führender Parteien im Dreißigjährigen Krieg. Heute produziert man fast nur noch Jagd- und Sportwaffen.

Wahrzeichen des Ortes ist der **Waffenschmied** auf einem Obelisken über dem Brunnen am Marktplatz. Die **Hauptkirche St. Marien** südlich des Marktplatzes besticht durch eine wertvolle Rokokoausstattung.

Im Ortsteil Heinrichs stehen noch sehenswerte alte Fachwerkhäuser. Prunkstück ist das **Rathaus** (17. Jh.).

Karte Seite 68

Die Ausstellung im **Fahrzeugmuseum** beschäftigt sich mit der Geschichte des Suhlers Fahrzeugbaus seit 1896 und präsentiert mehrere Fahrzeuge, darunter das legendäre Motorrad AWO und Fahrräder von 1925 (Friedrich-König-Str. 7, Tel. 03681/705004, www.fahrzeug-museum-suhl.de, tgl. 10–18 Uhr).

Vielfältig ist das Angebot im **Congress Centrum Suhl.** Tagsüber entspannt man im Ottilienbad mit großem Fitnessbereich, abends besucht man eine Kulturveranstaltung (Tel. 03681/788308, www.ccs-suhl-gmbh.de, Bad: tgl. 9–21 Uhr).

Die Geschichte der Handwaffenproduktion wird im ***Suhler Waffenmuseum,** Europas einzigem Spezialmuseum für Handfeuerwaffen, dargestellt (Marktplatz 1, Tel. 03681/742218, www.waffenmuseumsuhl.de, tgl. 10–18 Uhr).

Ein Muss für Sportschützen ist das international renommierte **Schießsportzentrum.** Unter Anleitung erfahrener Trainer kann hier jeder sein Können prüfen (Schützenstr. 6, Tel. 0 36 81/88 40, www.ssz-suhl.com).

Adlersberg

Vom Aussichtsturm auf dem Adlersberg (850 m ü. d. M) bietet sich ein schöner Blick über das **Biosphärenreservat Vessertal,** das sich östlich von Suhl erstreckt. Eine 13,6 km lange Rundwanderung durch das Vessertal dauert rund 4 Stunden (www.biosphaerenreservat-vessertal.de).

Info

Tourist Information Suhl
Friedrich-König-Str. 7][98527 Suhl
Tel./Fax 0 36 81/72 00 52
www.suhl-tourismus.de

Hotels

■ **Hotel Thüringen**
Platz der Deutschen Einheit 2
Tel. 0 36 81/76 76
www.hotel-thueringen-suhl.de
4-Sterne-Hotel zum Wohlfühlen in Toplage. Mit Sauna, Solarium und Fahrradverleih. ●●

■ **Ringhotel Ringberg Suhl**
Ringberg 10][Tel. 0 36 81/38 90
www.ringberghotel.de

Echt gut!

Die besten Technikmuseen

■ **Optisches Museum Jena:** Einzigartige Ausstellung optischer Instrumente aus fünf Jahrhunderten. › S. 125.

■ **Automobile Welt Eisenach:** Präsentiert wird die 100 Jahre alte Tradition des Automobilbaus in Eisenach › S. 91.

■ **Suhl Waffenmuseum:** Das Spezialmuseum zeigt Handfeuer-, Jagd- und Sportwaffen aus mehreren Jahrhunderten › S. 100.

■ **Glockenmuseum Apolda:** Alles dreht sich um die Glocke, um Glockenguss, Klöppel, Glockentürme und natürlich ums Läuten › S. 122.

■ **Suhl Fahrzeugmuseum:** Die Ausstellung gibt einen umfassenden Überblick über die Geschichte des Fahrzeugbaus von Fahrrädern, von Mopeds bis hin zu Automobilen › S. 100.

Karte Seite 68

Modernes Urlauberdomizil hoch über der Stadt mit herrlichem Panoramablick. ●●

■ **Hotel Forellenhof Vessertal**
Suhler Weg 1][98711 Vesser
Tel. 03 67 82/6 14 68][Fax 6 24 90
www.hotel-vessertal-forellenhof.de
Gemütliches Landhotel in idyllischer Lage. Spezialität des Restaurants sind frische Forellen. ●●

Restaurant

Gewölberestaurant
Neundorfer Str. 28
Tel. 0 36 81/79 10 79
www.gewoelberestaurant.de
Thüringer und internationale Küche von Vitello Tonnato bis Flammkuchen im historischen Gewölbekeller. ●●●

Shopping

Suhler Weinkeller
Steinweg 33][Tel. 0 36 81/45 47 32
www.suhler-waffenoel.de
Hier können Freunde des Rebensaftes die edlen Tropfen der einheimischen Winzer entdecken.

Ilmenau 18

An drei Seiten von bewaldeten Bergen umgeben, ist die Universitätsstadt Ilmenau (26 800 Einw.) ein beliebter Ausgangspunkt für Wanderungen im Rennsteiggebiet und für Ausflüge zu den Thüringer Kulturstätten.

Mit dem »G« als Zeichen führt der **Goethewanderweg** über 18 km aus dem Stadtzentrum Ilmenau bis nach Stützerbach. Er berührt alle Lieblingsplätze des Dichters, den Großen Hermannstein mit seinem Zeichensitz sowie den 861 m hohen Kickelhahn. An die Holzwand der Jagdhütte (Rekonstruktion) schrieb Goethe am 6. September 1780 »Wanderers Nachtlied« (»Über allen Gipfeln ist Ruh ...«). Startpunkt des Goethewanderwegs ist das Amtshaus (1756) am Ilmenauer Markt mit der Goethe-Gedenkstätte (bis Mitte 2009 geschl.).

Den Glanzpunkt am Wanderweg setzt das **Jagdhaus Gabelbach** mit einer Ausstellung zu Goethes naturwissenschaftlichen Studien. Wer nicht so gern wandert, kann es auch mit dem Auto erreichen (April–Okt. Di–So 10–17, Nov.–März 11–16 Uhr).

Eine öffentliche Goethe-Gedenkstätte ist das **Gundelachsche Haus** in Stützerbach. Dreizehnmal war Goethe hier zu Besuch. Das Goethezimmer blieb im Originalzustand erhalten (Tel. 03 67 84/5 02 77, April–Okt. Sa–So 10–17, Jan.–März, Okt.–Nov. Sa–So 11–15 Uhr).

Info

Ilmenau-Information
Am Markt 1][98693 Ilmenau
Tel. 0 36 77/60 03 00][Fax 60 03 30
www.ilmenau.de

Hotels

■ **Berg- und Jagdhotel Gabelbach**
Waldstr. 23a][Tel. 0 36 77/ 86 00
www.gabelbach.com
1912 als Kurhaus eröffnetes Romantikhotel. Herrliche Lage, zauberhafte Zimmer, sehr gute Küche. ●●●

■ **Lindenhof**
Lindenstr. 3–11][Tel. 0 36 77/ 6 80 00
www.hotel-lindenhof.de

Karte Seite 68

Idyllisches Schwarzatal

Zentral und dennoch ruhig; mit charmantem Kaminrestaurant. ●●●

Restaurant

Gasthof und Landfleischerei »Zur Sorge«

Arnstädter Str. 1][98708 Pennewitz
Tel. 03 67 83/8 03 50
www.thuringix.de/sorge
Traditionsreicher familiengeführter Gasthof mit eigener Landfleischerei. ●●

Camping

Meyersgrund Manebach

Schmückerstr. 91][Stützerbach
Tel. 03 67 84/5 06 36
www.meyersgrund.de
Ganzjährig, mit Ferienhäusern und Bungalows. ●

Schwarzatal 19

Mitten im Schwarzatal liegt ***Schwarzburg** (610 Einw.). Seinen Namen hat der Ort von der Schwarzburg, einst Residenz des gleichnamigen thüringischen Grafengeschlechts. Das barocke **Schloss** wurde 1736 errichtet und erhebt sich majestätisch auf einem Bergkegel, auf dem auch die mittelalterliche »Swartinburg« (1071) gestanden hatte.

Das **Kaisersaalgebäude** (1699 bis 1719) im Schlossgarten wurde in den 1970er-Jahren aufwendig restauriert. In dem barocken Prachtbau ist vor allem die Schwarzburger Ahnengalerie sehenswert – sie präsentiert 100 Porträts von deutschen Kaisern und ihren römischen »Vorfahren« wie etwa Julius Cäsar (Tel. 03 67 30/ 3 29 55, April–Okt. tgl. 10–17 Uhr).

Info

Fremdenverkehrsverein

An der Schwarza 15
07427 Schwarzburg
Tel. 03 67 30/2 23 05][Fax 2 24 78
www.fvv-schwarzburg.de

Karte Seite 68

Hotel

Hotel Schwarzatal
Friedrich-Ebert-Platz 2
Tel. 03 67 30/2 22 12
www.singende-wirtsleute.de
Familiär geführtes, traditionsreiches Haus mit herrlichem Blick auf Schwarzburg und Saaletal. ●●

Shopping

Sitzendorfer Porzellanmanufaktur
Hauptstr. 26][Tel. 3 67 30/36 60, www.sitzendorf-porzellan.de
Hier kann man zuschauen, wie die filigranen Porzellanfiguren entstehen, und sie anschließend auch erwerben.

Oberweißbach 20

Am Marktplatz des kleinen Städtchens mit den Schieferfassaden (1600 Einw.) steht das Geburtshaus des Pädagogen Friedrich Fröbel (1782–1852). Es beherbergt heute ein **Memorialmuseum,** in dem »Spielgaben« Fröbels gezeigt werden. Sehenswert ist das »Traditionszimmer Olitätenhandel«. Der Ort erlangte im 17. Jh. als Zentrum der Olitätenherstellung Bedeutung. Hier wurden Öle und Essenzen aus Pflanzen gewonnen und von umherziehenden Olitätenverkäufern in den Handel gebracht (Mai–Okt. Mo–Fr 10–12, 13–17, Sa/So 13–17, Nov.–April Mo–Fr 10–12, 13–17, So 13–16 Uhr).

Echt gut!

Die **Barockkirche,** 1767–1779 erbaut, gilt mit 2000 Sitzplätzen als die **größte Dorfkirche Thüringens**. Das Innere prägen drei Emporengeschosse und ein monumentaler Kanzelaltar.

10 Gehminuten vom Ort entfernt steht auf dem Kirchberg der 26 m hohe **Fröbelturm,** der eine herrliche Aussicht über das Schiefergebirge bietet (Di–Fr 11–17, Sa–So 11–19 Uhr). Die **Oberweißbacher Bergbahn** › S. 17, die zwischen Obstfelderschmiede und Lichtenhain auf einer Strecke von 1360 m einen Höhenunterschied von 320 m überwindet, ist die steilste Standseilbahn der Welt (www.obs-info.de).

Hotel

Zum Hirsch
Lichtetalstr. 20
98744 Unterweißbach
Tel. 03 67 30/2 24 08
www.hotel-restaurant-zum-hirsch.de
Kleines, gemütliches Quartier mit gutem Restaurant. ●

Restaurant

Gasthof Zur Schenke
Markt 8][Oberweißbach
Tel. 03 67 05/6 20 48
www.gasthofzurschenke.de
Das Traditionslokal ist seit 1843 in Familienbesitz; thüringische Küche, Pensionszimmer. Do geschl. ●●

Großbreitenbach 21

In Großbreitenbach hat Kräuteranbau eine lange Tradition. Heute werden hier **Kräuterwanderungen und -seminare** angeboten; im August findet der **Kräutermarkt** mit der Wahl der Olitätenkönigin statt (Tel. 3 67 81/4 17 50, www.stadt-grossbreitenbach.de).

Karte Seite 68

Fahrradfahrer am Trippstein mit prächtigem Blick ins Schwarzatal

Hotel

Feriendorf Bad Hundertpfund
98701 Großbreitenbach
Tel. 03 67 81/ 3 80 36][Fax 3 80 60
www.badhundertpfund.de
Komfortable Bungalows, Liegewiesen und Swimmingpool; ideal für den Familienurlaub. ●

Neuhaus am Rennweg 22

Mitten durch den 835 m hoch gelegenen Erholungs- und Wintersportort verläuft der Rennsteig. Sehenswert ist die 1892 geweihte **Stadtkirche**, die an gotische Formen erinnert. Ihr Dach ist mit Schiefer gedeckt.

Info

Tourist-Information
Marktstr. 3
98724 Neuhaus am Rennweg
Tel. 0 36 79/1 94 33][Fax 70 02 28
www.neuhaus-am-rennweg.de

Hotel

Rennsteighotel Herrnberger Hof
Eisfelder Str. 44][Tel. 0 36 79/7 92 00
www.rennsteighotel.de
Neu erbautes Hotel, nah am Wald gelegen, mit gutem Preis-Leistungsverhältnis. ●●

Schmiedefeld 23

Östlich von Neuhaus liegt Schmiedefeld, der Hauptort des Lichtetals. In der ehemaligen Bergarbeitersiedlung hat man seit dem 12. Jh. bis ins Jahr 1972 Eisenerze abgebaut. Besucher können heute im **Schaubergwerk Morassina** hautnah erfahren, wie die Bergleute früher die Welt unter Tage erlebten (Tel. 0367 01/6 15 77, www.morassina.de, April–Okt. 10–16 Uhr, Nov.–März 11–15 Uhr).

Über Kräuter und Arzneien der Volksmedizin informiert das **Kräuter- und Olitätenmuseum** »Beim Giftmischer«. Olitäten

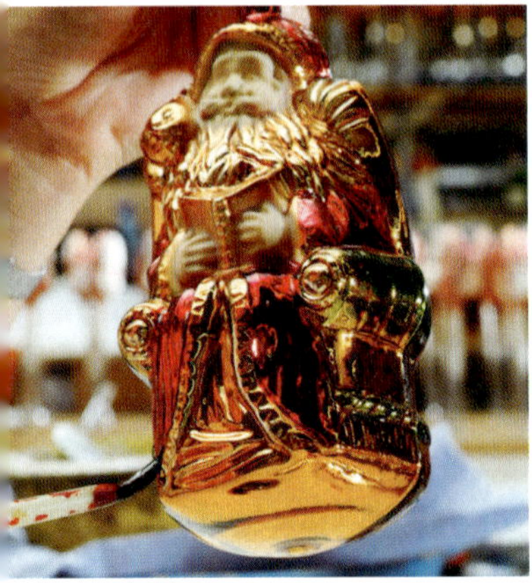

Lauscha ist berühmt für handbemalten Weihnachtsschmuck

nannte man früher die Elixiere und Salben, die von den Olitätenhändlern im Ort hergestellt und durch die sogenannten Buckelapotheker vertrieben wurden (Tel. 03 67 01/2 06 90, Mi–So 13–17 Uhr, wöchentliche Kräuterwanderungen).

Info

Tourismusbüro Lichtetal am Rennsteig
Saalfelder Str. 35
98739 Schmiedefeld
Tel./Fax 03 67 01/2 06 90
www.lichtetal.de

Lauscha 24

Einen Halt lohnt Lauscha vor allem wegen seiner mit Schiefer verkleideten Häuser und der Glasbläsereien. 1597 wurde hier die erste Glashütte gegründet, vor ca. 150 Jahren der gläserne Christbaumschmuck erfunden. Das **Museum für Glaskunst** informiert über die Glasbläserei (Oberlandstr. 10, Tel. 03 67 02/2 07 24, www.glasmuseum-lauscha.de, Di–So 10–17 Uhr).

Die **Farbglashütte Lauscha** ist eine der ältesten Glashütten Deutschlands. Hier kann man die Faszination der Glasherstellung miterleben (Straße des Friedens 46, Tel. 03 67 02/28 10, www.farbglashuette.de, Mo–Fr 10–18, Sa, So 10–17 Uhr, Führungen tgl. 10 und 15.30 Uhr).

Aktiv

Skiflyer
Steinach][6 km südlich von Lauscha
Tel. 0 36 57/40 68 04
www.outdoor-inn.de/skiflyer
Wie richtige Skiflieger können sich Mutige fühlen, wenn sie sich in der Anlage 150 m weit in die Lüfte heben. Man ist durch ein Stahlseil abgesichert und trägt Bergsteigerausrüstung.

Info

Tourist Information
Bahnhofstr. 12][98724 Lauscha
Tel. 03 67 02/2 29 44][Fax 2 29 42
www.lauscha.de

Shopping

Glaslädle König
Straße des Friedens 42 und Bahnhofstr. 72][Tel. 03 67 02/3 07 81
In dem Familienbetrieb werden hochwertige Glasartikel entworfen und von Hand gefertigt.

Lehesten 25

Der Abbau von Schiefer, auch das Blaue Gold genannt, hat die kleine Stadt bekannt gemacht. Dort

Karte Seite 68

entstanden die größten Schiefertagebaue Europas. Auch viele Fassaden und Dacheindeckungen sind heute noch mit Schiefer ausgekleidet. Im **Schieferpark** erfährt man alles über Wand- und Dachschiefer (Tel. 03 66 53/ 2 62 70, www.schieferpark.com, März–Okt. Führungen Di–Do 10, 13, Fr 10, Sa, So 10.30, 14 Uhr).

9 Rennsteig

Zwischen **Hörschel an der Werra** und **Blankenstein an der Saale** verläuft über eine Entfernung von 168 km der berühmteste Wanderweg Deutschlands. Auf Höhen von 800–900 m geht es durch die Wälder und Wiesen von Thüringer Wald, Thüringer Schiefergebirge und Frankenwald. Eine gut ausgebaute Infrastruktur macht es dem Wanderer leicht, den mit einem weißen »R« markierten Rennsteig komplett zu bewältigen oder auch nur auf einer Tageswanderung zu erkunden.

Erstmals urkundlich erwähnt wurde der Rennsteig 1330 in einem Kaufbrief als »Rynnstieg« (schmaler Weg). Mit dem Kurfürstenstein bei Steinwabach a. d. Werra wurde 1513 der älteste Rennsteig-Wappenstein gesetzt. Die Strecke erlangte Bedeutung als Handels-, vor allem aber als schneller Kurierweg abseits der Städte. Bis heute ist man sich nicht darüber einig, ob der Name von »rennen« abgeleitet wurde, also auf die eiligen Botenläufer zurückzuführen ist, oder von dem Wort »Rain«, das Grenze bedeutete. Der Rennsteig markiert auch die Grenze zwischen Thüringen und Franken, wie man an zahlreichen Grenzsteinen am Wegesrand sehen kann. Die Bezeichnung Rennsteig ist seit 1578 nachweisbar. Anfang des 19. Jhs. wurde der Rennsteig als Wanderweg bekannt und seit Ende dieses Jahrhunderts gibt es ausgeschilderte Wege. Im Jahresprogramm sind Wanderungen für flotte Geher ebenso wie für Senioren › S. 23. Für richtige Renner startet jährlich im Mai der traditionelle Rennsteiglauf, der größte Cross-Country-Lauf Europas. Die Strecken sind 21, 43 und 73 km lang.

Echt gut!

Die interessantesten Themen-Wanderwege

- Die 16 km lange **Felsenwanderung** führt rund um Oberschönau und ist im Winter auch mit Skiern gut zu befahren.
- Auf dem **Goethewanderweg** folgt man den Spuren des Dichters in und um Ilmenau › S. 102.
- Der **Martin-Luther-Weg** von Schmalkalden › S. 96. nach Tambach-Dietharz entspricht in Teilen der Reise des Reformators im Jahre 1537 (17 km).
- Ein Goldsäckchen ist das Markierungszeichen des **Goldpfades**, der die Geschichte der Goldgewinnung in Thüringen zum Thema hat. Er führt von Schalkau nach Goldisthal im oberen Schwarzatal (28 km).
- Auf dem **Gipfelwanderweg** bei Suhl › S. 100 erklimmt man 7 Gipfel des Thüringer Waldes (30 km).

Werratal

- Im historischen Gradierwerk von Bad Salzungen die gesunde Luft schnuppern
- In Meiningen hinter die Kulissen im Theatermuseum schauen
- In Sonnebergs Spielzeugmuseum sich wieder wie ein Kind fühlen
- Über die Höhen des Biosphärenreservats Rhön wandern
- Die Fachwerkbauten im Hennebergischen Museum bewundern

Karte Seite 68

Zur Orientierung

Die Werra entspringt im Süden Thüringens zwischen Thüringer Wald und Thüringer Schiefergebirge und vereint sich in Hessen mit der Fulda zur Weser. Auf ihrem Weg fließt sie durch enge Täler, vorbei an unberührten Flussauen. Einer Perlenkette gleich säumen Burgen und Schlösser den Flusslauf, denn die Werra stellte früher eine natürliche Barriere dar, die Schutz vor Feinden bot und Einnahmen aus Brückenzoll oder Fährgeldern sicherte.

Touren in der Region

Burgen und Schlösser

(13) Creuzburg › Bad Salzungen › Wasungen › Meiningen › Kloster Veßra › Römhild › Schleusingen › Sonneberg

Dauer: 4–5 Tage, 210 km
Praktische Hinweise: Diese Tour kann auch gut mit der Bahn gemacht werden.

Die Tour beginnt an der **Creuzburg** › S. 110, einer bedeutenden Residenz der Thüringer Landgrafen, und führt anschließend in die Kurstadt **Bad Salzungen** › S. 111 mit heilkräftigen Solequellen. Hier kann man sich im Keltenbad zu Unterwassermusik entspannen. In **Wasungen** › S. 112 bietet sich Burg Maienluft zur Übernachtung an. Am nächsten Tag geht es nach ****Meiningen** › S. 113, eine traditionelle Theaterstadt, woran das Theatermuseum im barocken Schloss Elisabethenburg erinnert. Einen besonders schönen Blick auf das Werratal hat man vom Schlosshotel Landsberg. In Richtung Osten gelangt man zum Freilichtmuseum des **Klosters Veßra** › S. 114 mit historischen Werkstätten und Wohnungen. Ein Erlebnis sind die Ruinen der über 2000 Jahre alten ****Keltenfestung bei Römhild** › S. 114. Ein schöner Aussichtspunkt ist Schloss Bertholdsburg bei **Schleusingen** › S. 116. Abschließend lohnt sich ein Besuch des Spielzeugmuseums in **Sonneberg** › S. 116. Hier kann man sich in Miniatur das Kirmestreiben auf dem Marktplatz einer thüringisch-fränkischen Kleinstadt um 1900 ansehen.

Wasserwandern auf der Werra

(14) Meiningen › Wasungen › Bad Salzungen › Vacha › Hörschel › Creuzburg

Dauer: 3–4 Tage, 130 km
Praktische Hinweise: Man kann mit Zweierkajaks fahren. Ab Bad Salzungen ist die Werra für Kanadier befahrbar. Infos: www.werratal.de

Die geruhsam dahingleitende Werra erlaubt Paddeln ohne Kraftanstrengung. Über weite Strecken reichen Bäume bis ans Ufer, oft sind traumhafte Ausblicke ins Land möglich. Da jeder Ort am Fluss Anlegestellen besitzt, kann man frei über die Länge seiner Etappen entscheiden und einige der Sehenswürdigkeiten an der Strecke aufsuchen. So sollte man sich in **Meiningen** › S. 113 die Altstadt, das **Schloss Elisabethenburg und das Theater ansehen. Bei **Wasungen** › S. 112 bietet sich die Märchenhöhle Walldorf an, sie liegt etwa 500 m von der Werra entfernt. Von **Bad Salzungen** › S. 111 mit seinem Erlebnisbergwerk geht es weiter nach Vacha zur Burg Wendelstein (Tel. 03 69 62/2 27 44, www.museum-vacha.de, Di–Fr 10–17, Sa, So 14–17 Uhr). In **Creuzburg** › S. 110 empfängt einen schließlich die imposante Werrabrücke.

Unterwegs im Werratal

Creuzburg 26

Die kleine Stadt (2600 Einw.) hat sich seit 1215 kaum ausgedehnt, wichtige mittelalterliche Bauten blieben erhalten. Wer von Nordwesten kommt, erblickt als erstes die siebenbogige ***Werrabrücke** von 1223 am Ortseingang, die älteste Natursteinbrücke im mittleren Deutschland. In der spätgotischen **Liboriuskapelle** sieht man Fresken des 16. Jhs. Von der Werrabrücke aus sind Wanderwege ausgeschildert (2,5 bis 13 km). Das Gebiet des Werradurchbruchs steht unter Naturschutz und ist vor allem **im Mai/Juni zur Orchideenblüte ein lohnendes Ziel.**

Echt gut!

*Burg Creuzburg

Schon Elisabeth von Thüringen hielt sich auf der Burg auf. Nach der Wartburg war sie die wichtigste Residenz der Landgrafen von Thüringen. Teile des romanischen Palais und das »Gelbe Haus«, ein Renaissancebau von 1606, sind erhalten. In letzterem informiert heute das Heimatmuseum über die Geschichte der Burg und ihres Umlands. Die Creuzburg beherbergt ferner eine **Töpferwerkstatt mit Schauführungen**.

Info

Fremdenverkehrsbüro
Marktstraße 2][99831 Creuzburg
Tel./Fax 03 69 26/9 80 47
www.creuzburg-online.de

Hotel

Auf der Creuzburg
Burgberg 1][Tel. 03 69 26/7 13 04
www.burg-creuzburg.de
Kleines Hotel mit geschmackvoll eingerichteten, komfortablen Zimmern. Mit Restaurant, Café und Biergarten (Mo geschl.). ●●

Karte Seite 68

Bad Salzungen 27

Auf den Spuren der Geschichte wandelt der Gast in diesem Heilbad (16400 Einw.), das durch sein Gradierwerk von 1801 und als Soleheilbad für Atemwegserkrankungen bekannt wurde. Die Altstadt prägen Fachwerkhäuser im Hennebergischen und Fränkischen Stil. Die Namen der Gässchen wie »Silge« und »Halber Mond« erinnern an die Salzsieder, die 1000 Jahre lang auf dem Nappenplatz in großen Pfannen das hier entdeckte Salzwasser erhitzten. Das **Keltenbad** führt diese langjährige Badetradition fort. Hauptattraktion ist der Salztopf mit 15-prozentiger Sole, in der man zu keltischer Unterwassermusik wie im Toten Meer schwerelos treibt (Am Flößrasen 1, www.keltenbad.de, tgl. 10–22 Uhr).

Info

Touristinformation
Am Flößrasen 1
36433 Bad Salzungen
Tel. 0 36 95/69 34 20][Fax 69 34 21
www.badsalzungen.de

Erlebnisbergwerk Merkers 28

Starten Sie zu einer dreistündigen Grubenfahrt: Auf offenen Pritschenwagen geht es 25 km bergauf, bergab durch das einst größte Kalibergwerk der Welt (Zufahrtstr. 1, 36460 Merkers, Tel. 036 95/61 41 01, www.erlebnisbergwerk.de, April–Nov. Di–So 9.30 und 13.30, Dez.–März Di–Sa 9.30 und 13.30, So nur 13.30 Uhr).

Biosphärenreservat Rhön 29

Offene Hochflächen und freie Kuppen, Bergwiesen mit Orchideen und Moore prägen das Land

Echt gut!

Die besten Wellness-Tempel

- **Keltenbad Bad Salzungen:** Große Bade- und Saunalandschaft mit einem Becken, in dem man wie im Toten Meer schwerelos schweben kann › S. 111.
- **Friederiken Therme Bad Langensalza:** Die Therme bietet ihren Gästen als Besonderheit eine Rosensauna mit Rosenaromen und Rosenquarzsteinen › S. 48.
- **Kyffhäuser Therme Bad Frankenhausen:** Das Wellness- und Erlebnisbad lockt nicht nur Kinder mit Wasserfällen und einer 50 m langen Rutsche › S. 52.
- **Avenida Therme Hohenfelden:** Rund 1000 m² Wasserfläche besitzen Innen- und Außentherme mit drei Erlebnisrutschen. Im Hamambad kann man sich mit Massagen verwöhnen lassen › S. 84.
- **Toskana-Therme Bad Sulza:** 30 km nordöstlich von Weimar entspannen sich Körper und Seele in sieben Badebecken und Whirlpools, in der Sauna und in einem Klang- und Farbbad (Rudolf-Gröschner-Str. 11, Tel. 03 64 61/920 00, www.toskanaworld.net).

Karte Seite 68

Meiningen, Fassadendetail

der offenen Fernen. 6000 km markierte Wanderwege führen quer durch die Rhön (www.biosphaerenreservat-rhoen.de).

Info

Tourist-Infozentrum Rhön
Oberbach][97772 Wildflecken
Tel. 0 97 49/ 9 12 20][Fax 9 12 23 42
www.rhoen.de

Breitungen 30

Bereits 933 n. Chr. wird das größte Dorf (5 500 Einw.) an der Werra zum ersten Mal urkundlich erwähnt. Die romanische **Klosterbasilika** (1112) hat trotz einiger Zerstörungen die Jahrhunderte gut überstanden. Im Sommer finden hier Konzerte statt. Gleich nebenan steht das **Renaissance-Schloss**, ein ehemaliges Kloster, das im 16. Jh. zum Herrensitz umgebaut wurde. Heute kann man hier im **Aktivmuseum Ländliches Brauchtum selbst spinnen, Brot backen und buttern** (Tel. 03 68 48/8 82 21, Mai bis Okt. Mi, Fr 10–12 und 13–16, 1. und 3. So 14–17 Uhr).

Info

Gemeindeverwaltung Breitungen
Rathausstraße 24, 98597 Breitungen
Tel. 03 68 48/88 20][Fax 8 83 32
www.breitungen.de

*Wasungen 31

Wie ein riesiges Straßendorf wirkt das mittelalterliche Städtchen (4000 Einw.), das durch seine Karnevalstradition bekannt wurde. Die malerischen Altstadtbefestigungen sind zum Teil erhalten. Das **Rathaus** (1533) und das **Amtshaus** (1607) sind Fachwerkbauten. Die **Stadtkirche** (1584 bis 1708) besitzt einen spätgotischen Turm. Zu den schönsten Herrenhäusern in Thüringen zählen der **Maienhof** (1576) und der **Weyenhof** (1632). Eine Attraktion ist das **Thüringer Karnevalsmuseum** im ehemaligen Damenstift von Wasungen (Di–Fr 10–12, 13–16, Sa 10–12, So 14–16 Uhr, Nov. bis Feb. So geschl.)

Märchenhöhle Walldorf

Vor allem Kinder begeistert ein Besuch der 4 km südl. gelegenen Sandstein- und Märchenhöhle Walldorf mit 30 Märchenbildern (www.sandsteinhoehle.de, Juni bis Aug. tgl. 10–18, März–Mai und Sept./Okt. 10–17 Uhr).